TWO VIRGINS

地域社会圏主義

増補改訂版

Local Community Area Principles

Chapter-2

第2章

地域社会圏リフレクション

Reflection on Local Community Areas

「地域社会圏」に住みたい——山本理顕

People Would Prefer Living in a Local Community Area | Riken Yamamoto

プライバシーとセキュリティこそが重要である。住宅とはそういうものだと多くの私たちは考えている。供給者側にとってもプライバシーの確保と徹底したセキュリティは住宅販売の鉄則である。高級なマンションほどそれがより徹底される。玄関はオートロック、インターホンで訪ねる相手を呼び出して、内側から確認してもらわないと入れない。エレベーター・ホールから自分の部屋までは、途中で誰かに会わないように、できるだけ近い方がいい。それぞれの住戸の扉は厳重にロックされて二重の鍵がついている。あるいは指紋認証でなくては開かない。逆に、玄関扉を内側からロックしてしまえばその部屋は完全な密室になる。高い防音性能が施されているからである。隣や上階の人の音が聞こえてしまうのは安マンションである。そう思われている。戸建の分譲住宅もマンションと同じである。プライバシーとセキュリティが絶対的な条件であることはマンションと変わりない。

民間のマンションや分譲住宅だけではない。公共の集合住宅も同じようにプライバシーとセキュリティがなによりも大切にされる。むしろこっちが発端だった。プライバシーに対する意識は公営住宅や公団住宅のような戦後復興住宅から始まったのである。いま、民間ディベロッパーが供給する分譲住宅は、単にそれを拡大再生産しているだけである。

戦後復興住宅は「一つの住宅に一つの家族が住む」という住み方を唯一のモデルとして供給された。「一住宅＝一家族」である。その住宅に住むことによって私たち日本人はプライバシーとセキュリティという概念を徹底教育されたのである。「教育」というと大袈裟だけど、でも、気がつかないうちに私たちは建築という箱からその使い方の作法を刷り込まれるのである。そして厄介なのは、住宅それ自身が一つの環境になってしまうので、つまり当たり前のようにそこにあるので、それを刷り込まれていることに私たちは気がつかないのである。

プライバシーは住宅のその外側に対するプライバシーである。同時にその内側では夫婦と子どもそれぞれのプライバシーである。「２ＤＫ」とわれわれが呼んでいる住宅の形式がそれである。外に対しては鉄の扉で内側の密室性を確保する。内側では二つの部屋、夫婦寝室と子ども部屋を確保する。夫婦寝室のプライバシーは戦後の人口増のためにも必須であった。こうした公団住宅や公共住宅が大量に供給され、その住宅に住むことによって、それまで私たち日本人にあまり馴染みのなかったプライバシー概念が急速に浸透していったのである。
そしてその浸透したプライバシーに対する意識は、その後の高度成長期、民間のディベロッパーによる住宅の多量供給に大きな貢献をすることになったのである。住戸の内側のプライバシーを大切にする住宅はその外側との関係が希薄になる。外側との関係をあまり大切にしない。つまり外側から切り離されたパッケージのような住宅である。そのパッケージを一つの商品として販売する。プライバシーとセキュリティで守られた住宅の内側だけを一つのパッケージとして販売するような商品である。nLDKという部屋数を表す記号と専有面積と最寄りの駅からの距離だけで値段が決まる。周辺環境や既存のコミュニティとはまったく無関係にパッケージの内側の大きさと設備的な性能だけでその市場価格が決定されるようになっていったのである。

一九六六年の「住宅建設計画法」の施行からは、そのパッケージ商品を「持ち家」として奨励する政策がますます整えられていった[1]。分譲マンションや分譲戸建住宅が日本の住宅供給の中心になっていったのである。多くの人がそれを望んだからというよりも国がそれを積極的に誘導したからであった。一九八〇年の「住宅宅地審議会答申」では、「住宅は本来、市場で供給・配分される」ものである。ただし「国民生活の安定・向上を図るため……住宅の供給・配分等に適切に政策介入する必要がある」と、それでも低所得者層に対する何らかの公共的な支援が必要だと考えられていた。ところが、一九九五年の同答申では住宅政策の役割は「住宅市場全体を対象として捉えその市場機能が十分に発揮されるようにすること」でなくてはならないと述べ、「自由な市場の機能を活用する」という方向性が極めて明瞭になる。そして二〇〇〇年の答申では「住宅宅地の取得、利用は国民の自助努力」。公共的な支援はしないという答申である[2]。

住宅は市場に流通する商品であり、国の役割はその市場機能を十分に発揮できるようにすることであり、その取得は市場での自助努力である。そういう方向に誘導してきたのはそれが国家の経済運営に極めて有利だったからである。実際、それは市場経済の活性化に十分に貢献した。住宅政策は成長経済のために徹底して利用されたのである。

公共の住宅はもはや供給されなくなっていった。二〇〇四年には都市整備公団は都市再生機構（UR）になって新規住宅は供給しないことになった。二〇〇六年には「住生活基本法」ができて民間住宅業者が住宅供給に参加する仕組みが整えられて、それに伴い二〇〇七年には住宅金融公庫が住宅支援機構になって、住人のためではなくて民間の住宅金融業者への支援機構になってしまった。「フラット35」などという融資商品をつくって、35年固定金利で住宅資金を貸し出す。35歳でロー

1——本間義人『居住の貧困』岩波新書、2009、p.83
2——平山洋介は「住宅宅地審議会答申」を時間軸で並べる。（『不完全都市』p.47）国の側の意志は極めて明快である。

ンを組んだ人は70歳になるまで返し続けるわけである。所得の低い人たちに対しても「借りるよりも安い」そう思わせる仕組みである。

二〇〇一年の時点でも公庫融資を受けた人たちの年収は600万円台が最も多くて「800万円台までで8割を占める」[3]「持ち家派」は決して豊かな生活をしている人たちだけではないのである。それ以外に選択肢がない状態に追い込まれて購入しているわけである。35年ローンなどという長期ローンはそれをさらに低所得の人たちに対しても強行しようとする成長経済政策そのものである。

確かに、月々の返済額だけで比べれば賃貸住宅よりもひょっとしたら安い。でも家を持ってしまったら、ローンだけではなくて、たとえば空調設備機器にしても25年ごとに大規模修繕が必要になる。老朽化に応じた内外装の補修費、家族の成長や変化に応じた改装費、メンテナンス費、震災、火災に対する危険負担も負わなければならない。老朽化すれば資産価値も下がる。バブル経済の崩壊後は転売も簡単ではない。すべてが自己責任である。頭金は安いしローンを組むハードルは極めて低いけど、それに乗せられて家を持ってしまったとたんに、その家を維持するためのコストと心労が一気にかかってくるわけである。「持ち家」を徹底して誘導しておいて、買ってしまった後はすべてが自己責任なのである。

そして、一方で賃貸住宅にはまったくといっていいほど支援策がない。「公的な賃貸住宅は公営と公団合わせて6%しかない」「借家の平均延べ床面積は持ち家の1/3しかない」という話を平山洋介さんから聞いて(本書、p.102-103, p.95-96参照)賃貸住宅の不利に改めて驚いた。借家を劣悪な状態のままにしておいて、それで「持ち家」を誘導する政策はあまりにも品がない。こんな「持ち家政策」は詐欺みたいなものである。

住宅政策は経済政策ではない。成長経済の役割を担うために住宅政策があるわけではない。どのような住宅を供給するか。どのような住宅に住むのか。それは私たちの日常を決定的なものにしてしまう。いまの「一住宅=一家族」を前提とした「持ち家政策」が失敗しているのだとしたら、その失敗は単に経済政策の失敗ではない。私たちの日常の生活を破壊しているのである。私たちの所得の多くが住宅に費やされ(吸い取られ)、その財産を守るために私たちの意識はますますその内側に向かう。そしてその一方で家族は内側から壊れ始めている。つまり「持ち家」という住宅供給の仕組みとその内側の家族の現実とが激しく齟齬をきたしているのである。

3――本間義人『居住の貧困』岩波新書、2009、p.84

「いま、東京23区の平均世帯人員は二人である。『一住宅＝一家族』それ自体がもはや成り立っていない。パッケージ商品としての住宅が商品価値を失いつつあるのである」[4]「持ち家」を前提としてそれを国家運営の原則としてきたその運営方法が破綻しつつあるということである。

住宅の供給の仕組みを考え直す。それがいまの日本の閉塞状況を打開するために最初に考えられなくてはならない問題なのである。住宅こそが問題なのである。

「一住宅＝一家族」を唯一のモデルとして、プライバシーとセキュリティを守ることを原則にしてきた住宅供給の仕組みは、それがそのままパッケージ商品のような「持ち家」につながっていった。それがあまりにも巧みに誘導されてきたので、私たちはいま「一住宅＝一家族」モデルの破綻、あるいは「持ち家制度」の破綻に気がついていない。でももはや限界だと思う。

私たちは「地域社会圏」という新しいモデルを提案したいと思う。「地域社会圏」は「一住宅＝一家族」というモデルに替わるまったく新しい生活のし方の提案である。

1——「一住宅＝一家族」が標準家族を前提として供給されるのであるとしたら、「地域社会圏」は必ずしも家族を前提としない。

2——「一住宅＝一家族」がプライバシーとセキュリティをその中心原理として供給されるのに対して「地域社会圏」では、そこに住む人たち全体の相互関係を中心原理にする。

3——「一住宅＝一家族」が周辺環境、周辺地域社会に対する無関心によって成り立っているとしたら、「地域社会圏」は周辺環境とともに計画される。

4——「一住宅＝一家族」は究極の消費単位である。それを前提として国家的な成長経済戦略が組み立てられている。「地域社会圏」は単なる消費単位ではない。その地域の内側で小さな経済圏が成り立つように計画される。

5——「一住宅＝一家族」に供給されるエネルギーはすべて外側から来る。住宅は単にエネルギーの消費単位である。「地域社会圏」はここでエネルギーを生産し、それを効率良く利用する。単なる消費単位ではない。

6——交通インフラは「一住宅＝一家族」を前提にしている。公共交通か自家用車である。「地域社会圏」ではその中間的な交通インフラを持つ。

4——拙著『地域社会圏モデル』INAX出版、2010、p.194

7——「一住宅＝一家族」の自助努力を前提として介護保険、健康保険、年金制度のような社会保障制度は組み立てられている。ところが「一住宅＝一家族」の崩壊とともに莫大な社会保障費がかかるようになってしまった。「地域社会圏」ではそれを補うような全体の相互扶助を考える。

8——「地域社会圏」は賃貸を原則とする。分譲で民間ディベロッパーが利潤をあげるという、いまの供給システムは根本的な間違いである。それは住宅政策の名を借りた経済政策である。

9——分譲マンションの専有部は全体の75-85%ほどである。専有面積によって価格が決まるから共用部を減らして専有面積をできるだけ大きくとる。「地域社会圏」の専有面積は30-40%程度である。専有と共用との面積比を変える。そのことで、専有と共有という意識そのものが変わる。

10——「一住宅＝一家族」の各住戸は外部に対しては極めて閉鎖的である。「地域社会圏」の住まいは外に向かって開かれた場所が用意されている。

そう、すべてが「一住宅＝一家族」モデルの逆である。

住宅問題を経済成長のための道具と考えるのではなくて、実際にそこに住む人たちの生活を最優先する。住宅を社会資本と考える。快適な住宅に住むことは私たちの基本的な人権なのである[5]。この当たり前のことを実現する。そのためには実際の建築空間がどのようなものになるのか、なによりもそれが極めて重要である。そうした空間を実際に体験することで、こんな生活のし方もあるんだなぁ、と実感することができるからである。見ないと分からない。戦後間もない頃に公団の「2DK」を見て、こんなところに住むことができたら、と多くの人が思ったはずである。その体験はあまりにも鮮烈で、いまでも私たちはその「一住宅＝一家族」的生活に呪縛され続けているのである。でもそれが完全に制度疲労を起こしている。そして、その「一住宅＝一家族」に替わる生活を私たちはまだ体験していない。そうした空間がいま、早急に求められているはずなのである。それが「地域社会圏」である。

5——1996年、日本は「イスタンブール宣言」に署名している。
イスタンブール宣言とは、「すべての人々に適切な住居を保証し、そしてより安全、健全、かつ平等で、より住みやすく、持続可能で生産的な人間居住の実現を保証する全世界目標を支持する」というものだ。

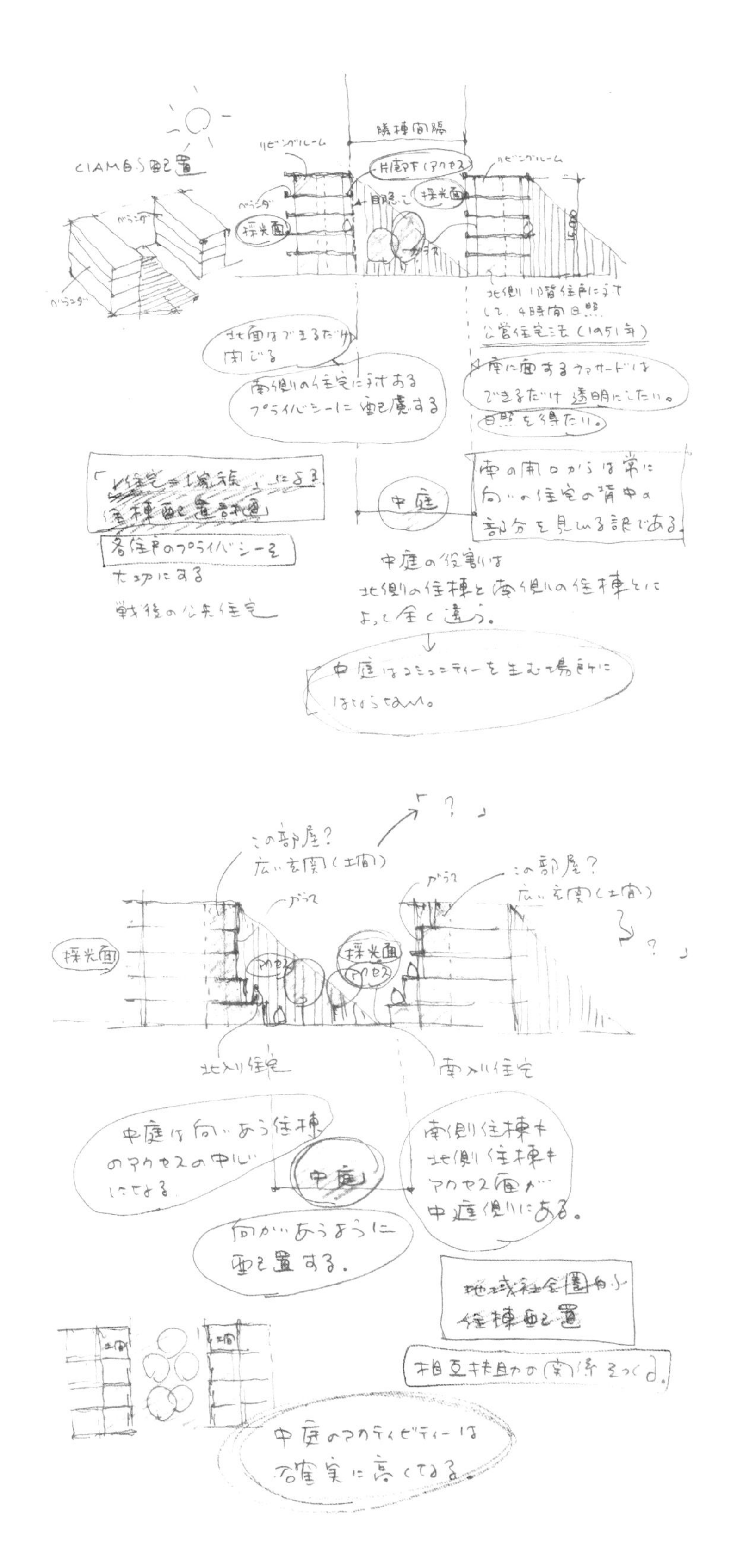

CIAMの配置
ベランダ
リビングルーム
隣棟間隔
片廊下アクセス
目隠し
採光面
ガラス
北側1階住戸に対して、4時間日照
公営住宅法（1951年）
北面はできるだけ閉じる
南側の住宅に対するプライバシーに配慮する
南に面するファサードはできるだけ透明にしたい。日照を得たい。
「1住宅＝1家族」による住棟配置計画
各住戸のプライバシーを大切にする
戦後の公共住宅
中庭
南の開口からは常に向いの住宅の背中の部分を見ている訳である
中庭の役割は北側の住棟と南側の住棟とによって全く違う。
中庭はコミュニティーを生む場所にはならない。
「？」
この部屋？
広い玄関（土間）
ガラス
この部屋？
広い玄関（土間）
「？」
採光面
アクセス
採光面
アクセス
北入り住宅
南入り住宅
中庭は向いあう住棟のアクセスの中心になる。
中庭
南側住棟も北側住棟もアクセス面が中庭側にある。
向かいあうように配置する。
地域社会圏的住棟配置
相互扶助の関係をつくる。
土間
土間
中庭のアクティビティーは確実に高くなる。

第1章
地域社会圏リアル

Chapter ——— 1

Realizing Local Community Areas

1

High-rise Building

Commercial Area

Hospital

Detached Houses

Power Line

どのように住むか

How People Live in a Local Community Area

「一住宅＝一家族」が既に私たちの生活単位として役に立たなくなりつつあるとしたら、それではそれに替わるどのような住み方が可能なのか。500人程度の人たちを一つの生活単位として考える。これは400人でも700人でもいい。地域の特性によってその人数は変わる。仮に500人とすると人口構成は左図のようになる。これを一つの「地域社会圏」と考えるのである。こうした人たちとともにどのような相互扶助のシステムをつくることができるのか。

まず住宅である。分譲はあまりにも個人負担が大きすぎる。それに大きな社会的変化に対するフレキシビリティがまったくない。だから賃貸である。それもできるだけ専有部分を少なくして共有部分を多くする。「地域社会圏」を構成する住宅、ここではその住宅を「イエ」と呼ぶ。「イエ」は「見世」と「寝間」によってできている。いままでのLDKタイプの住宅とはまったく違う部屋構成である。「見世」は外に向かってガラス張りである。「寝間」はプライバシーの高い場所である。借り方は自由。「見世」部分を多く借りて、文字通りお店に使ってもいい。あるいは事務所やアトリエに使ってもいい。あるいはおばあちゃんがうたた寝する縁側のような場所でもいいし、子どもが遊んでいてもいい。「寝間」部分をたくさん借りて、プライバシーの高い従来の家のような「イエ」にしてもいい。トイレやシャワーやミニキッチンは共有である。できるだけ広々としたトイレやシャワーにして、十分な数を用意する。それでも「一住宅＝一家族」ごとに一つずつつくるよりもはるかに効率がいい。専有と共有との関係をすべて見直す。エネルギー、交通、介護、看護、福祉、地域経済、「一住宅＝一家族」を前提として成り立っていた関係をすべて見直す。その見直された関係が「地域社会圏」である。

1-1

単位

地域社会圏というまとまりで住まいを考える。

1960

1住宅=1家族システム

一つの住宅に一つの標準家族が住むことを前提として国家行政は運営されている。

東京1世帯あたり 4.0人 ｜ 高齢化率 10%

2013

1住宅=1家族システムはいまでも有効か

「1住宅=1家族」という前提そのものが破綻しつつある。

2015

地域社会圏システム

500人程度の住人を一つの単位とする。

東京1世帯あたり 1.9人 ｜ 高齢化率 27%

世代別人口

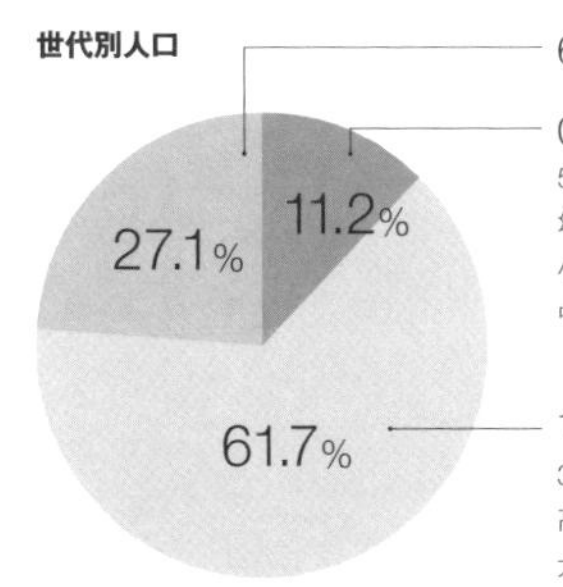

65歳以上／135人

0-14歳／56人
56人中
幼稚園児／5人
小学生／23人
中学生／12人

15-64歳／309人
309人中
高校生／12人
大学生／12人

その他の人口

外国人	9人
出生数	4人／年
死亡数	4人／年
要介護者	23人

［参考］
H18 国立社会保障・人口問題研究所「日本の将来推計人口」
H25 総務省統計局「人口推計」｜H22 法務省「登録外国人統計」
H23 厚生労働省「人口動態調査」｜H23 文部科学省「学校基本調査」

1-2

「イエ」

地域社会圏の住人は「イエ」に住んでいる。「イエ」は「見世」と「寝間」によって構成されている。一つの「イエ」に何人住むかは自由。

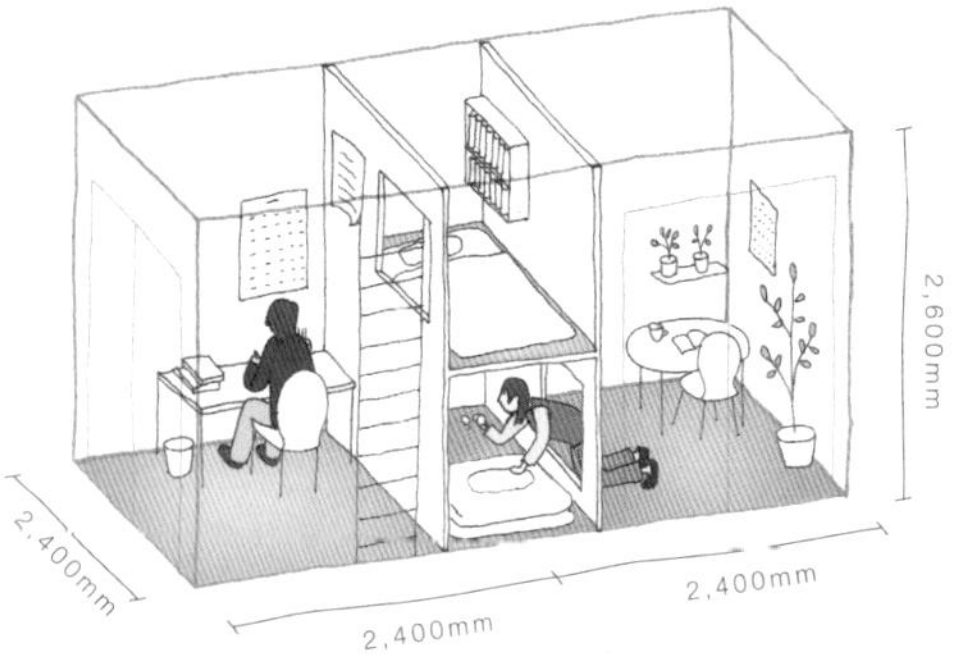

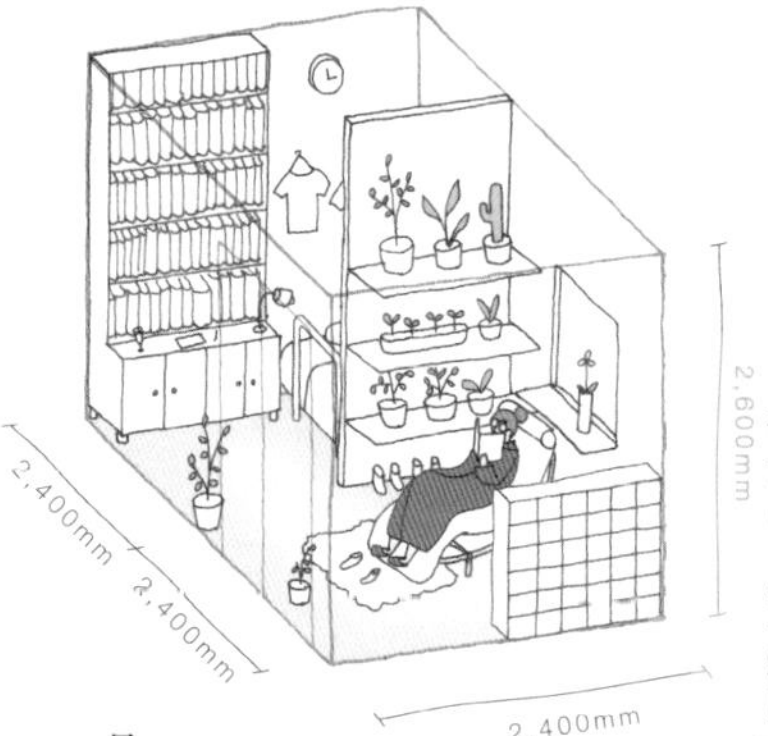

見世［たばこ屋］＋寝間 ■

見世［勉強部屋］＋寝間×2 ■■

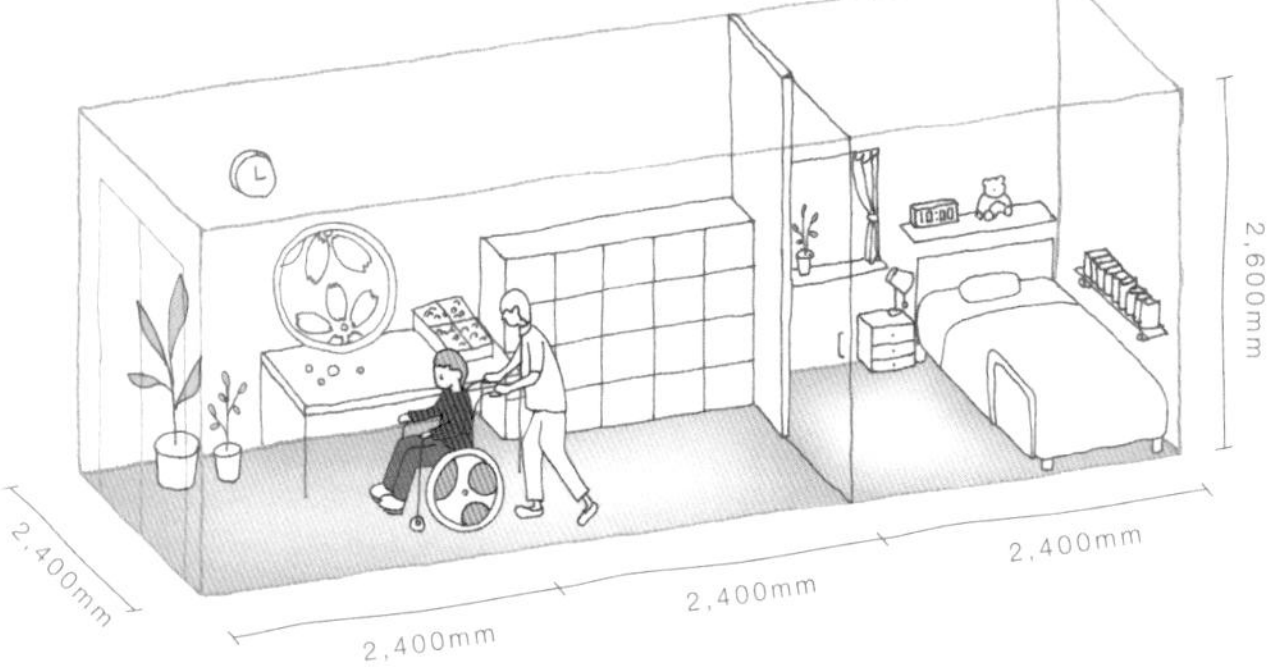

見世［アトリエ］＋寝間 ■■■

見世［ハンモックレンタルショップ］＋寝間［仮眠室］ ■■■■■

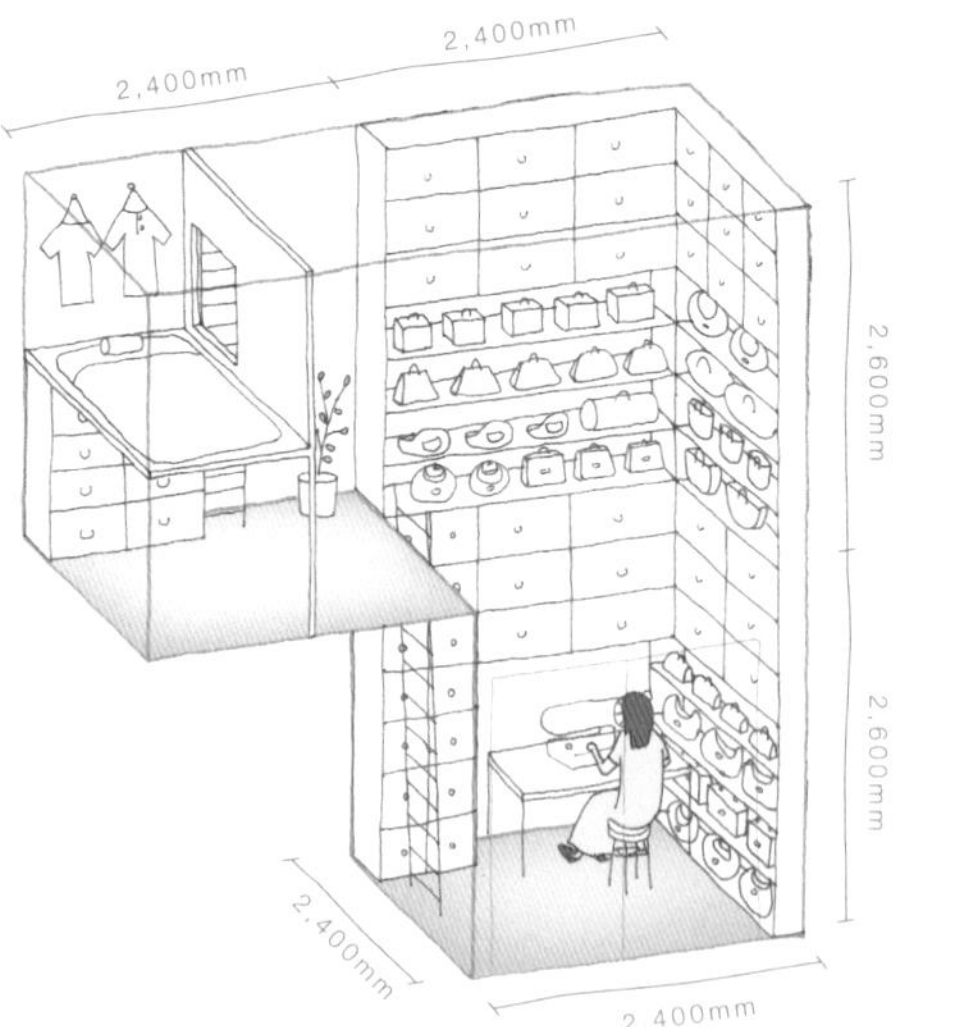

見世［ハンドバッグレンタルショップ］＋寝間 ■■■

見世［便利屋］＋寝間×2 ■■

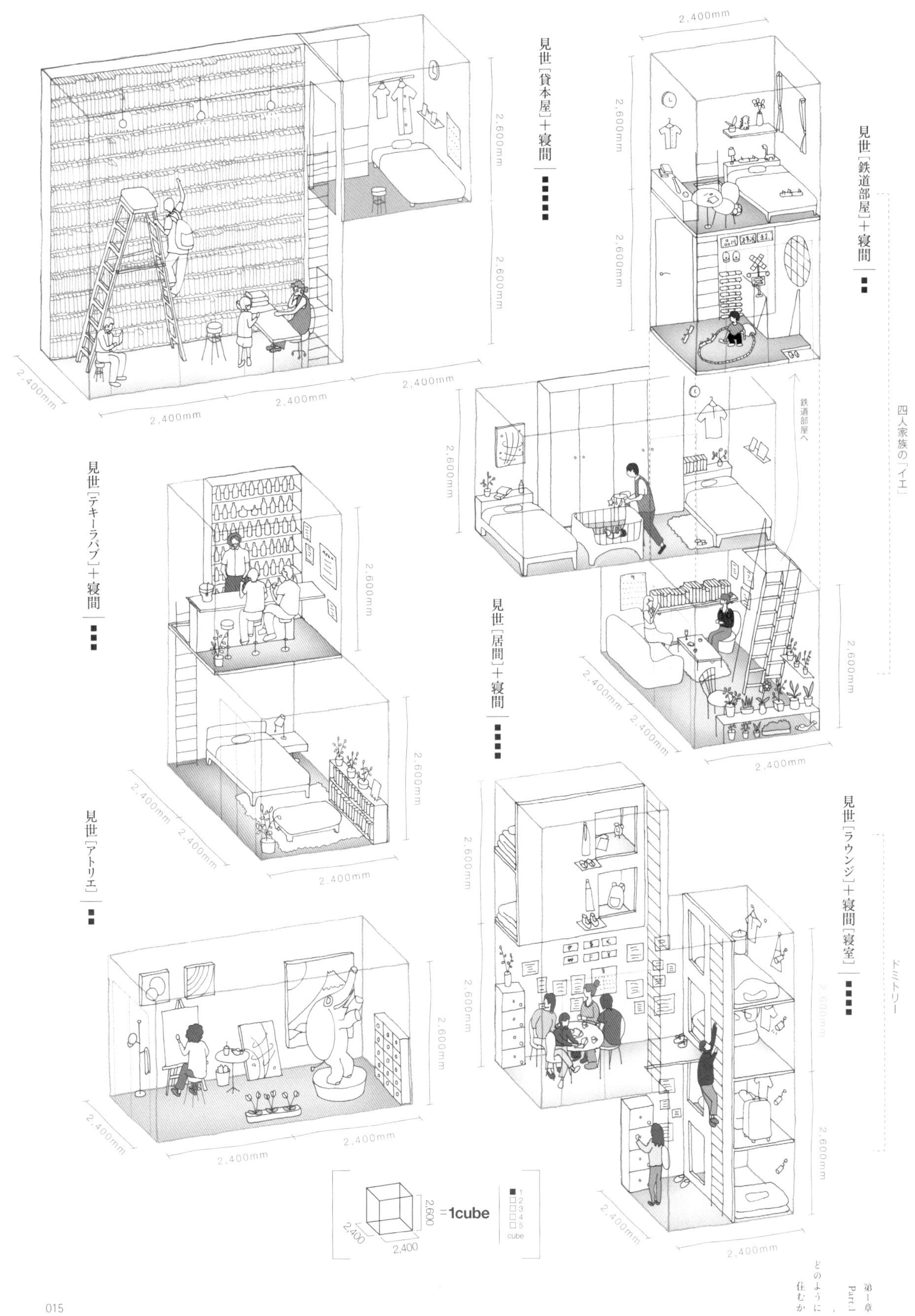
見世［貸本屋］＋寝間
見世［鉄道部屋］＋寝間
四人家族の「イエ」
鉄道部屋へ
見世［テキーラパブ］＋寝間
見世［居間］＋寝間
見世［アトリエ］
見世［ラウンジ］＋寝間［寝室］
ドミトリー
2,400mm
2,600mm
2,600
2,400
=1cube
cube

「イエ」が集まる［ベーシックグループ］

トイレ・シャワー・ミニキッチンを共有している。

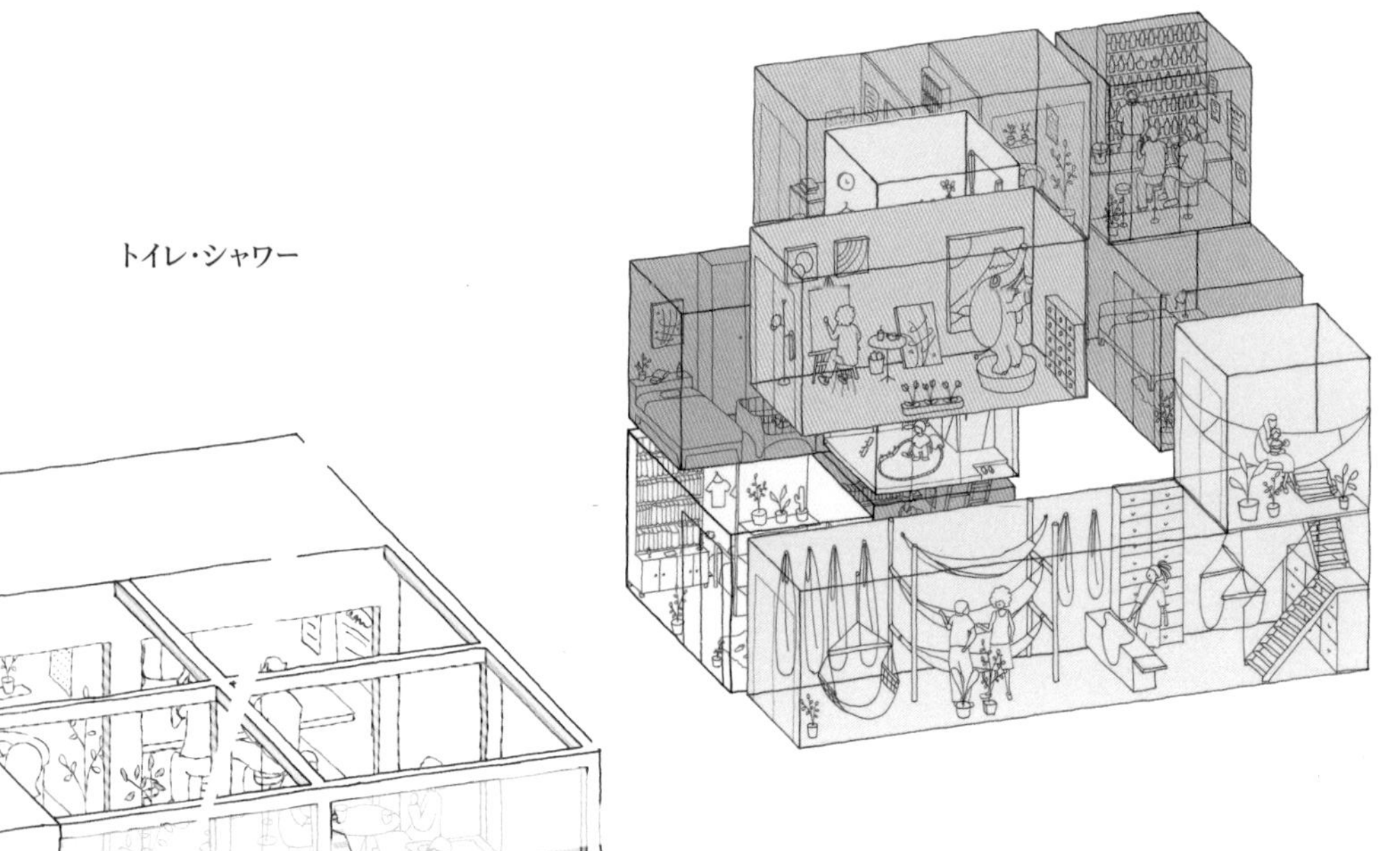

ミニキッチン

ジャロジー
ガラス製の可動ルーバー。通風を確保し、雨を避けることができる。
開
閉
庇
アルミ製の霧よけ。
夏の日射しをさえぎる。
ちょい足し
食堂

1-4

ベーシックグループがつながる

それぞれのベーシックグループは連続的につながっている。

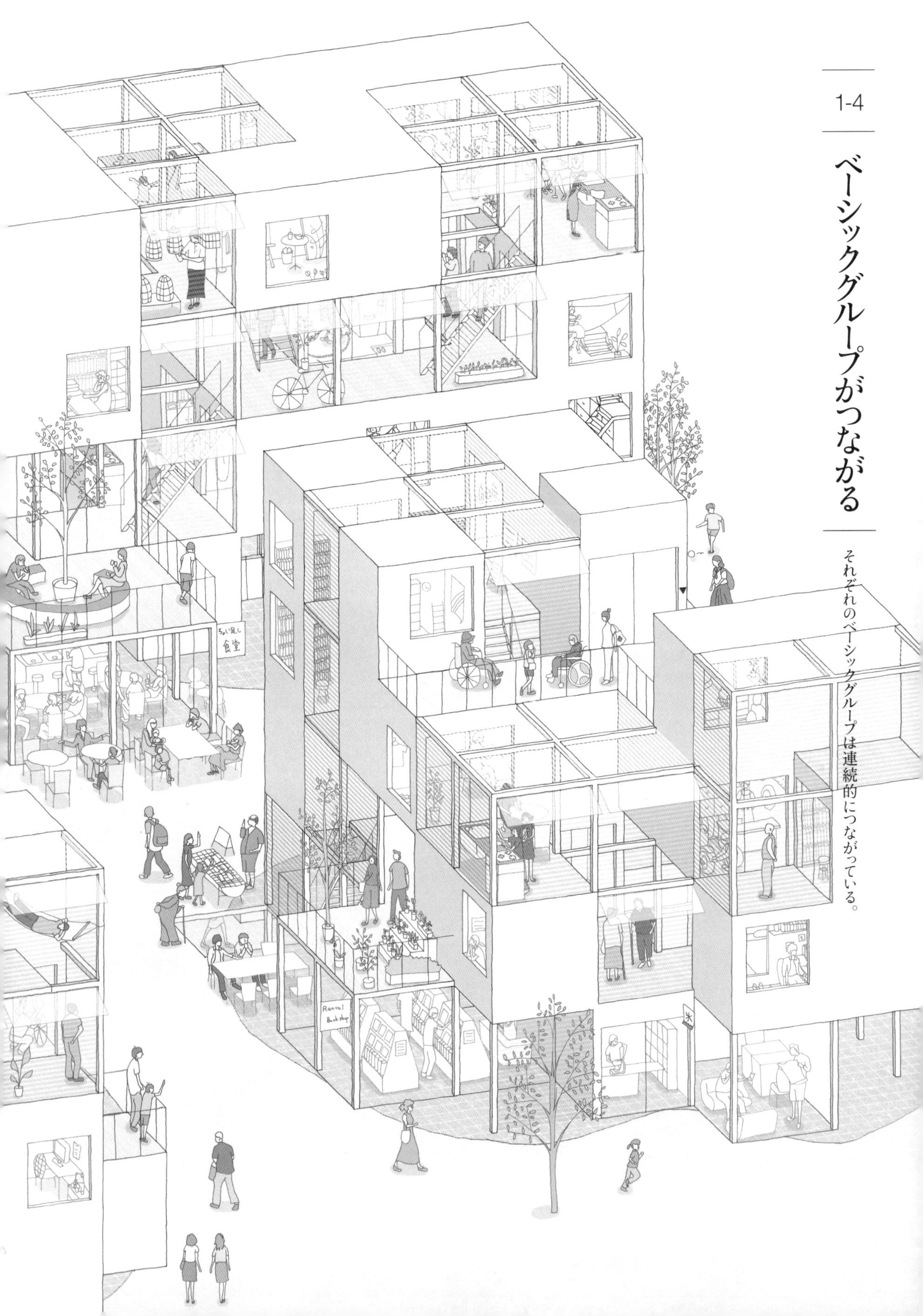

イラスト：玉田誠［p.14-19］

1-5

広場

さまざまな「見世」が広場に面している。

ねぇ、行かないの?
麻雀
BAR
14
たばこ
禁煙アメ
2
たばこ
禁煙アメ
禁煙パイポ
えっと、カップラーメンの蓋はどっちだ?
もう1時半だけど、何時に届くの?

1-6

いつでもフリーマーケット

見世が集まってフリーマーケットのような場所になる。

資本主義の枠組みのなかで
本当に環境を救えるのかは怪しいって
原さんが言ってるけど、
俺もそう思う
パンが上手にできたから、
ちょい足し食堂へ持っていこう
うつわ
レンタル
Utsuwa Rental
9
かけ
はぎ
仕立て直し
11
仲
建築設計
スタジオ
30
パンの
スイーツ
テキーラパブによって帰ろう。
今日も彼、来てるといいなぁ

1-7 ビストロ&キッチン

ビストロでは食事をとることもできるし、
キッチンを借りることもできる。

混んでるから、
うちのキッチンで何か作ろう。
変な店だ。
駅前で飲み直そう。
もう眠いのよネ。
こんなデザインでい
夜の10時なのに
こんなに混んでるんだ～。

あら雨
YUUGI SPACE
しつけ
27
CAFE
★Since 2013★
20
24
convenience
MILD
MART
Beer
Co ee&Tea
もう帰りますよ
$y = x^2+ax+b$

1-8 生活コンビニ

24h開いているコンビニ、カフェ、託児所、ケアステーション、相談カウンター。

1-9 都市広場

スポーツやさまざまなイベントのための屋内広場。外からの人も利用する。

ホントにおじいちゃん!?
体育館：12m×16m
ちびっこ新体操大会開催中
ホントすごいね。
昔NBAにいたって噂、本当かもね。

隣の部屋も借りられますか?
THE WARD
ハイアッ
17
ブックコーディネート
Book coordination
1
おしゃれ
貸しま
16
24
スロープ:傾斜＝1/8

1-10 コミュニティビークル

自然の丘のように上層までスロープが連続している。上の方にもお店がある。

どうやって誘おうかなぁ。
緒に行こうよ!
二人で住むなら
あの「イエ」かなぁ〜
それって
プロポーズ?

1-11 光庭・風の道

各階には十分な外部テラスがあり、1階部分にも十分な採光・通風が確保できる。

イラスト:鴨井猛、イラスト原案:中田雅実[p.20-33]

どのように運営するか

How People Run a Local Community Area

「一住宅＝一家族」は自己責任で管理する。そしてその「一住宅＝一家族」は行政によって準備されたインフラ・ストラクチャーに接続されている。交通網、エネルギー網、河川・港湾、上下水道、環境などである。そうしたインフラ整備は国家の責任である。あるいは「一住宅＝一家族」の内側だけでは手に負えない育児、介護、看護などの福祉サービスあるいは健康維持サービスもまた国家的な補助が必要である。それもいわば「一住宅＝一家族」の生活をサポートするインフラである。住宅とその内側での相互扶助は自己責任、それをサポートするインフラは行政責任というこの厳密な線引きがもはや破綻状態である。遠くのプラントで大量に生産されたエネルギーを200km以上も離れた場所に供給するという生産と消費の関係が破綻している。高速道路を時速150kmで走ることのできる高性能車が同時に都市の生活道路にまで侵入する。都市政策にとっても車のスペックにとっても大きな負担である。行政は財政危機を理由に福祉サービスの質や範囲をできるだけ縮小しようとしている。福祉という本来の構図自体が既に破産寸前なのである。

自己責任と国の専管事項の線引きを変更する。「地域社会圏」は自前でエネルギーを生産して、そこで消費する。できる限りは自前で福祉サービスを負担する。身近な交通システムをつくる。そして相互扶助のシステムをつくる。どのようにエネルギーをつくるのか。それをどのように消費するのか。あるいはどのように相互扶助のシステムをつくるのか。居住システムとともにそれを考える。「居住システムとともに」というところが極めて重要である。

できるだけ自然エネルギーを使う。通風を良くする。夏の直射日光を避ける。建物の断熱性能を上げる。それだけでもエネルギーロスを防ぐことができる。太陽光発電や太陽熱利用のような代替エネルギーはその消費のし方とともに考える。「一住宅＝一家族」は消費効率が極めて悪い生活のし方なのである。一人で住んでもいいし、二人でも三人でも、あるいは家族単位でも、あるいはもっとたくさんの人たちが一緒に住んでもいい。そういう人たちにこの「地域社会圏」こそが私たちの住む場所であるという愛着を持ってもらうにはどうしたらいいのか。その愛着こそが「地域社会圏」運営の中心になるべきなのである。

以下の7項目からその実現性を考える。

ファシリティの共有[2-1]—容積貸し[2-2]—地域内ワーク[2-3]—生活コンビニ[2-4]—省エネルギーなのに快適[2-5]—プレファブリケーション[2-6]—コミュニティビークル[2-7]

2-1 ファシリティの共有

Shared Facility

S 5-7人

ベーシックグループ | サニタリー・水まわりを共有するグループ | 利用時は「地域社会圏」カードで決済。

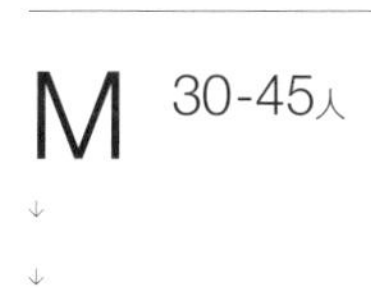

ミニキッチン　トイレ　シャワー

M 30-45人

エネルギーファームグループ | 自然エネルギーを共有するグループ［Sグループ×6］

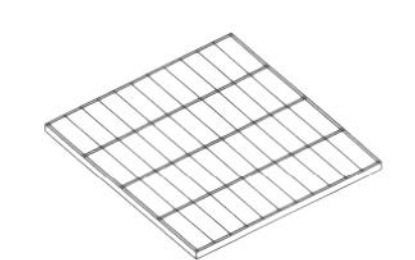

太陽光発電

太陽熱利用

L 120-150人

生活インフラグループ | 生活インフラを共有するグループ［Mグループ×4］

ビストロ+キッチン

スパ+ランドリー

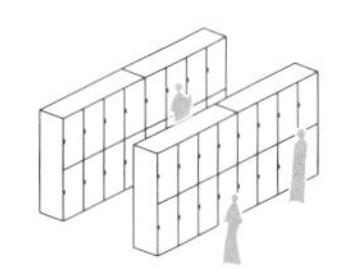

コモン収納

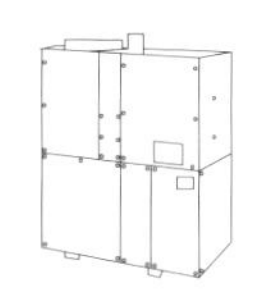

コジェネレーションシステム（発電機）

XL 500人

生活コンビニグループ | 生活サポートを共有するグループ［Lグループ×4］

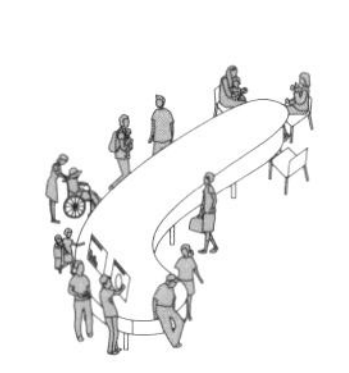

24h生活ステーション

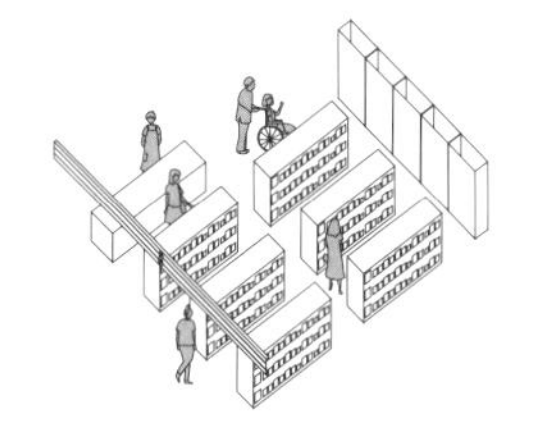

コンビニエンスストア

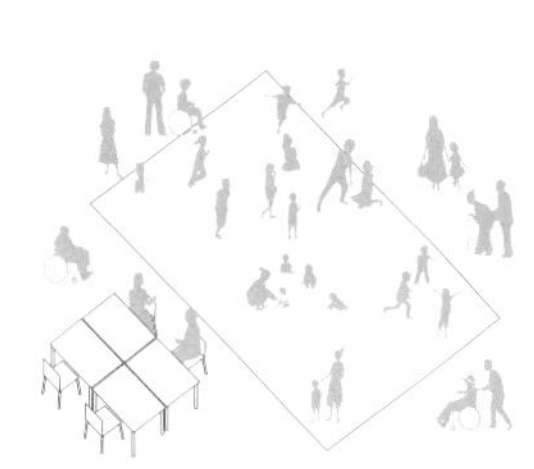

介護・育児スペース

地域社会圏は小さな専有部とそれを補完する大きな共用部によって成り立っている。

これまでの住宅はそれぞれの内に生活に必要な設備や備品を備えていたが、地域社会圏ではそれらを共有する。つまり、大小さまざまなファシリティを共有する。たとえばシャワー・トイレ、ミニキッチンを5-7人で共有する。それをベーシックグループ［Sグループ］と呼ぶ。Sグループが6つ集まってエネルギーファームを共有する。これをエネルギーファームグループ［Mグループ］と呼ぶ。さらにMグループが4つ集まってスパやランドリー、コモン収納、食堂そして発電機を持つ。これを生活インフラグループ［Lグループ］と呼ぶ。さらにLグループが4つ集まって生活コンビニグループ［XLグループ］をつくる。生活コンビニグループとは生活相談デスクやコンビニなどを共有する。

一つのSグループは他のSグループと連続しているので、一つのグループが排他的に閉じることはない。さらにファシリティごとに異なる集団が形成されるため、住人たちは常に異なる集団の関係に帰属することになる。

容積貸し
Rent according to Volume

地域社会圏とこれまでのマンションの違いは専有と共用のバランスを変更しているところである。地域社会圏では従来のようにユニットの内部に風呂、トイレ、キッチンの設備がない。居住者はできる限り専有する物や設備を少なくし、小さな専有部と大きな共有部を使いこなす身軽な生活をする。そのライフスタイルをバックアップするために共用部にはコモン収納が配置され、身近な生活必需品以外をここに収納する。専有部である「イエ」の形態や使い方はこれまでより多様になる。それは面積でなく容積単位で借りることで、同じ賃貸価格でも天井高の高い「イエ」や床面積の大きな「イエ」など、さまざまなパターンの借り方が可能となるためである。また専有部分が小さくなるため、これまでより身軽に住む事ができる。賃貸マネージャーがすべての「イエ」を管理し、空室状況がわかるようになっている。たとえば隣人が別の「イエ」に移動した場合、隣とのパネルを開放することで、「イエ」の拡張ができる。

——佐伯亮太

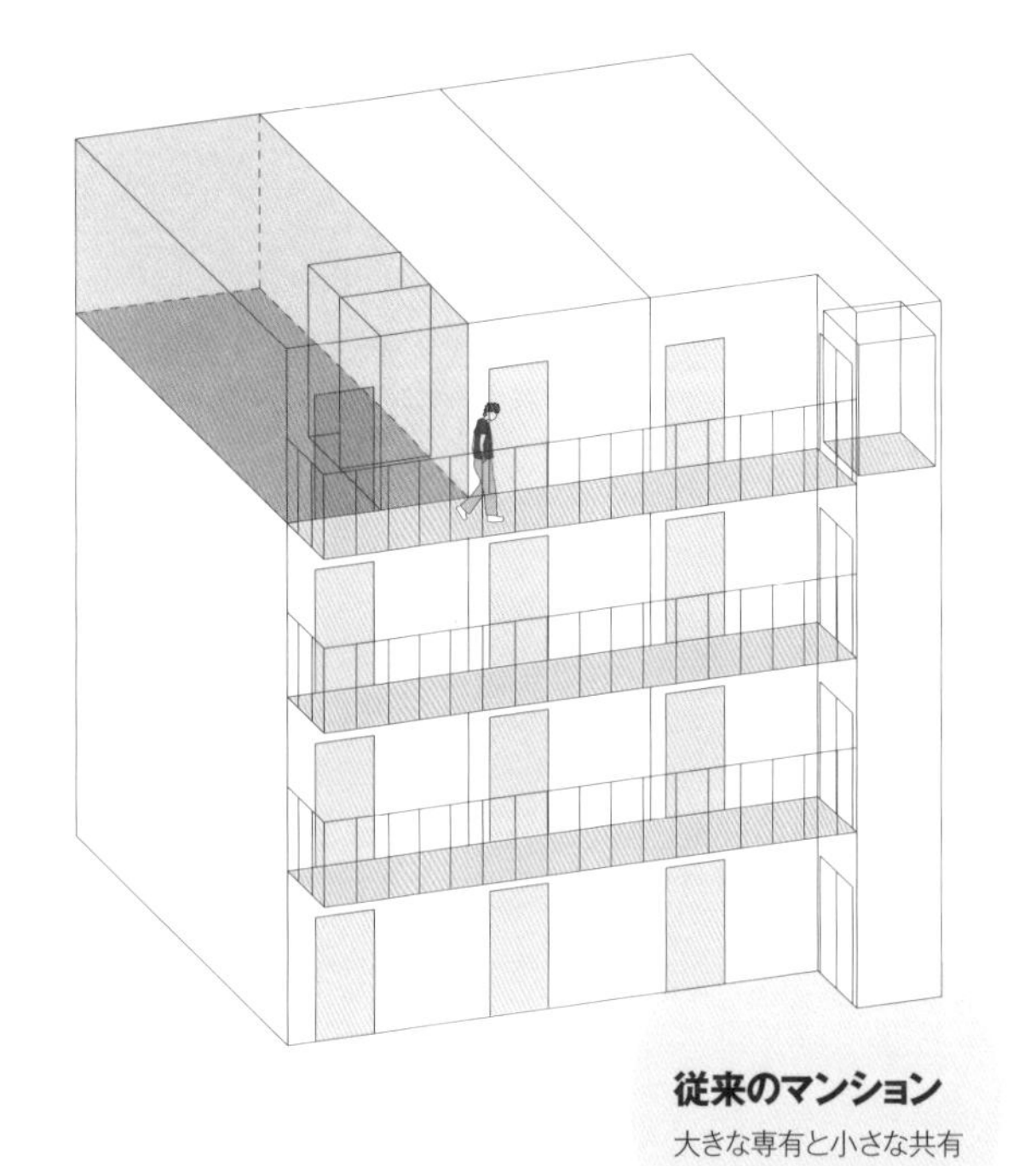

従来のマンション
大きな専有と小さな共有

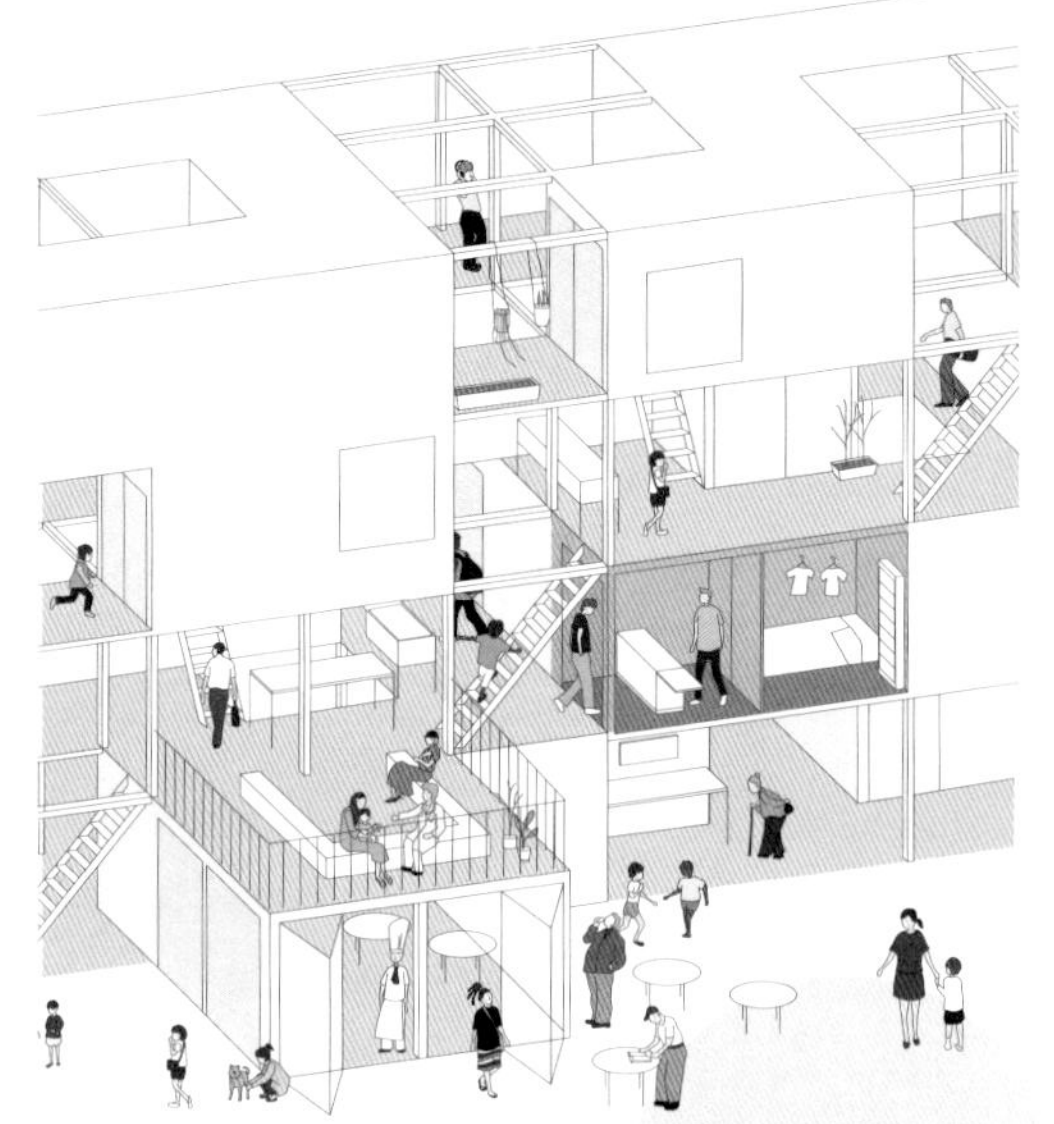

地域社会圏
小さな専有と大きな共有

従来のマンション

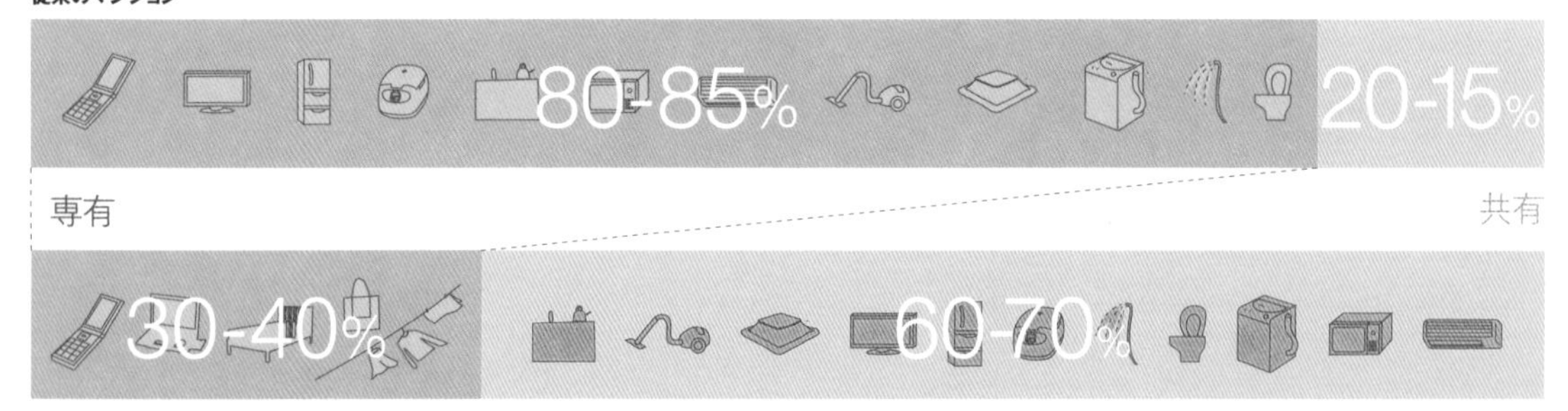

地域社会圏

専有と共用の比率を再編し、多くのものを共有化することにより新たな生活スタイルと豊かさが生まれる

システムの特徴

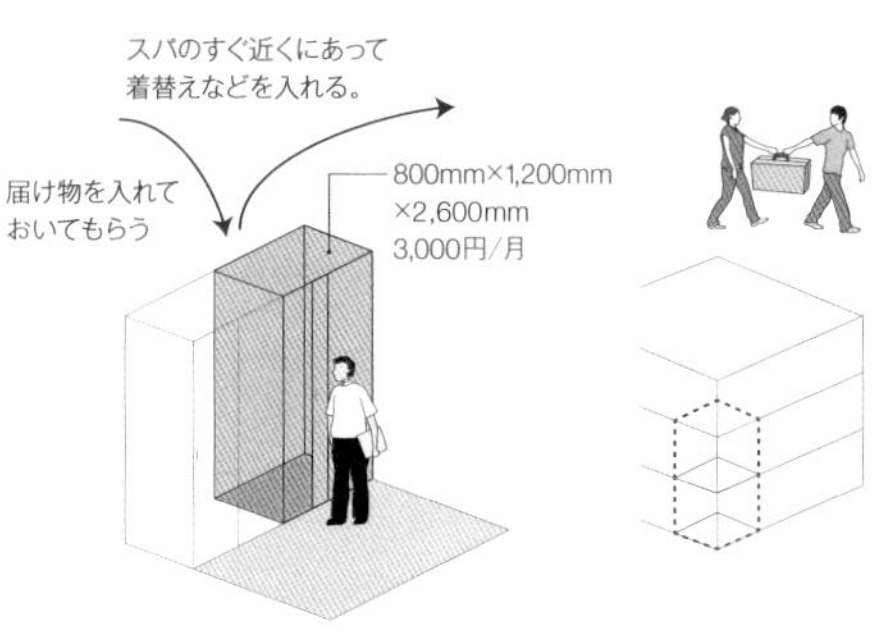

共用部のさまざまな場所に収納があり
収納物にあわせた管理サービスも頼める

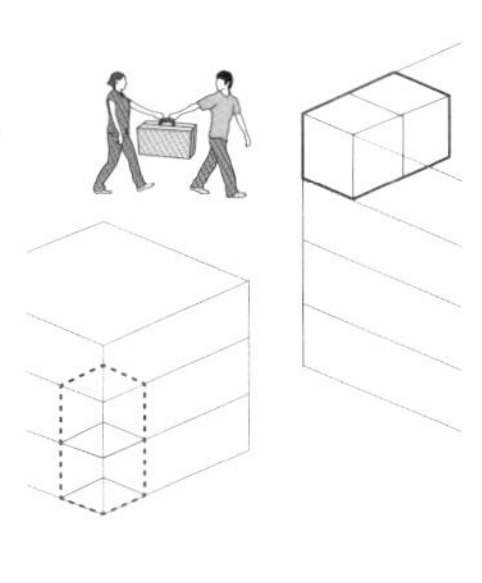

家のなかに所有物が少なくなることで
身軽に移り住むことができる

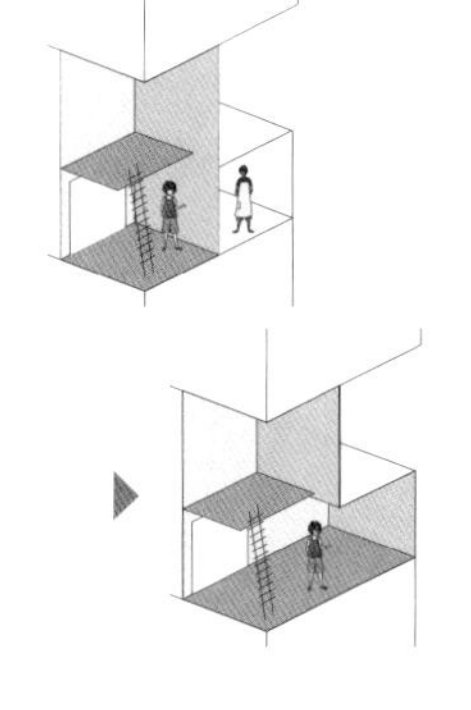

隣のキューブへの拡張も可能である

キューブを管理するマネージャーが住人の住まい方、借り方の要望に対応する

家賃設定の内訳

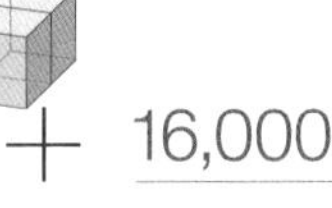
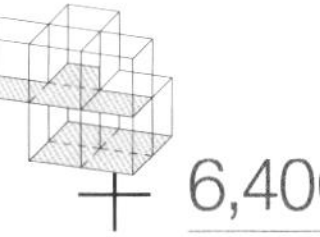

家賃 ＝ 専有容積m^3×800円 ＋ 16,000円 ＋ 6,400円×キューブ数

専有部使用料金　周辺家賃相場から算出した容積単価　共用部使用料金　共益管理費+修繕積立金

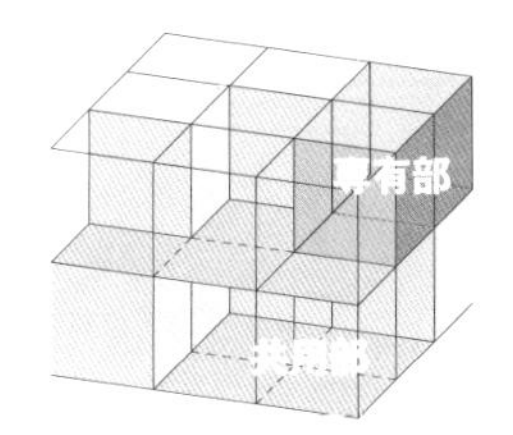

キューブ数	1	2	3	4	5
専有容積[m^3]	15	30	45	60	75
家賃[¥]	34,400	52,800	71,200	89,600	108,000

***例** 2キューブ＝30m^{3}を借りる場合の計算：家賃＝(30m^3×800円)＋16,000円＋2キューブ×6,400円＝52,800円

面積と家賃の各種比較

		ネットカフェ	簡易宿泊所[ドヤ]	地域社会圏	ワンルームマンション
専有面積と家賃1ヶ月分		1.6m / 1.2m / 1.8m 2.2m^2[1ブース] 60,000円[*1]	2.6m / 1.8m / 2.7m 4.9m^2[3帖] 66,000円[*2]	2.6m / 2.4m / 2.4m 5.8m^2[1キューブ] 34,400円	3m / 5m / 5m 25.0m^2[1K] 65,000円
初期費用		なし	なし	なし	敷金/礼金
設備	**専有**	パソコン	布団・テレビ	なし	トイレ/風呂/キッチン
	共用	トイレ/シャワー	キッチン/トイレ/風呂	トイレ/シャワー/ミニキッチン/スパ/キッチン/菜園/コモンストレージ/生活コンビニ/CV/広場 etc.	EV/階段/廊下

*1：利用料金1,200円/hsとして、滞在10時間/日×30日間｜*2：宿泊費2,200円/日×30日間

地域内ワーク

Local Work

日本の就業者の8割はサラリーマンで、そのほとんどは60歳から65歳で定年退職をし、その後は高齢者として、一方的にサービスを受ける立場になる。しかし体力でも知識でも若い人には負けない意欲溢れる高齢者はたくさんいる。また一方で、若い人も自分で事務所を持つなど、独自の働き方をしたい人も増えている。本来仕事とはレンジの広い、柔軟なものであるはずだ。

地域社会圏ではいろいろな立場の人がそれぞれのやり方で仕事をすることができる。住民は自分の「イエ」に必ず「見世」を持っているので、その「見世」を利用して物販や飲食に限らずさまざまなサービスを提供することができる。たくさんのキューブを借りて本格的なお店を開くこともできる。「イエ」をオフィスやアトリエとして使うこともできる。また、地域社会圏内には生活の要望や問題を相談できる場所があり、そこで地域の需要と供給の傾向を知ることができる。また、住人はある時は供給者側に、ある時は受け手側にまわる。働いた代金は「地域社会圏カード」に貯めて、それを使うことができる。住民が外に開く「見世」を持っているからこそ、地域コミュニティ形成が可能なのである。——真鍋友理

「見世」の例 | 自分で工夫して自分に合ったお店を開くことができる。自己表現の場所でもある

マンガから哲学書までブック・コーディネーターが選んでくれる。

カップラーメン+レモンスライス+ナンプラー=ベトナムフォー味(200円)

雑草屋

7

鶴見川沿いのスミレ:20円
三ッ池公園のナズナ:15円
花月園のタンポポ:30円

まちの建築家。デザインのことと改修のことならなんでも相談にのる。

古伊万里焼:500円/日
備前焼:300円/日
マイセン:300円/日

飲み放題。
手作りつまみ300円から。

家具デザイナーのアトリエ兼ショップ。古くなった家具を新品同様に修復する。

ハンドバック、洋服、アクセサリーなど、デートやパーティー用に貸す。

zzzzzzzzzzz.......
ハイアット
zzz... 素泊まり ¥2000
17

素泊まり2000円
(洗面台付き個室)

サラリーマン2人で営業する勤務時間外居酒屋。

協力:看板―廣村デザイン事務所/看板―ちえのわデザイン/家具―藤森泰司アトリエ

生活コンビニ
Life&Welfare Center

近年の国家予算の一般歳出にしめる社会保障関係費の割合は、1/2以上である。これは高齢化の影響を受けて増加し続けていて、破綻寸前だと言われている。財源確保の対策として現在考えられているのは、負担をさらに増やすことと、サービスの範囲を狭めることである。介護保険を例にとると、行政と高齢者の負担は年々増え、軽度の生活援助の適用除外が検討されている。地域社会圏では、このような負担の増加やサービスの除外をするのではなく、地域で助け合うシステムを提案する。このシステムの中枢を担う場所を生活コンビニと呼ぶ。ここには生活の相談ができる場所、介護設備、託児設備、診察室などがある。さらにコンビニやカフェバーもあり、立ち寄りやすい場所になっている。生活コンビニにはサポートリーダー、マネージャー、住民アルバイトによる生活サポーターがいて、サポートリーダーが利用者と生活サポーターを適確に結びつけ、マネージャーは専門的なサービスの提供や、生活サポーターの支援をする。集合することで必要とされているサービスを効率よく細やかに提供でき、行政や利用者の負担も軽減される。

——真鍋友理

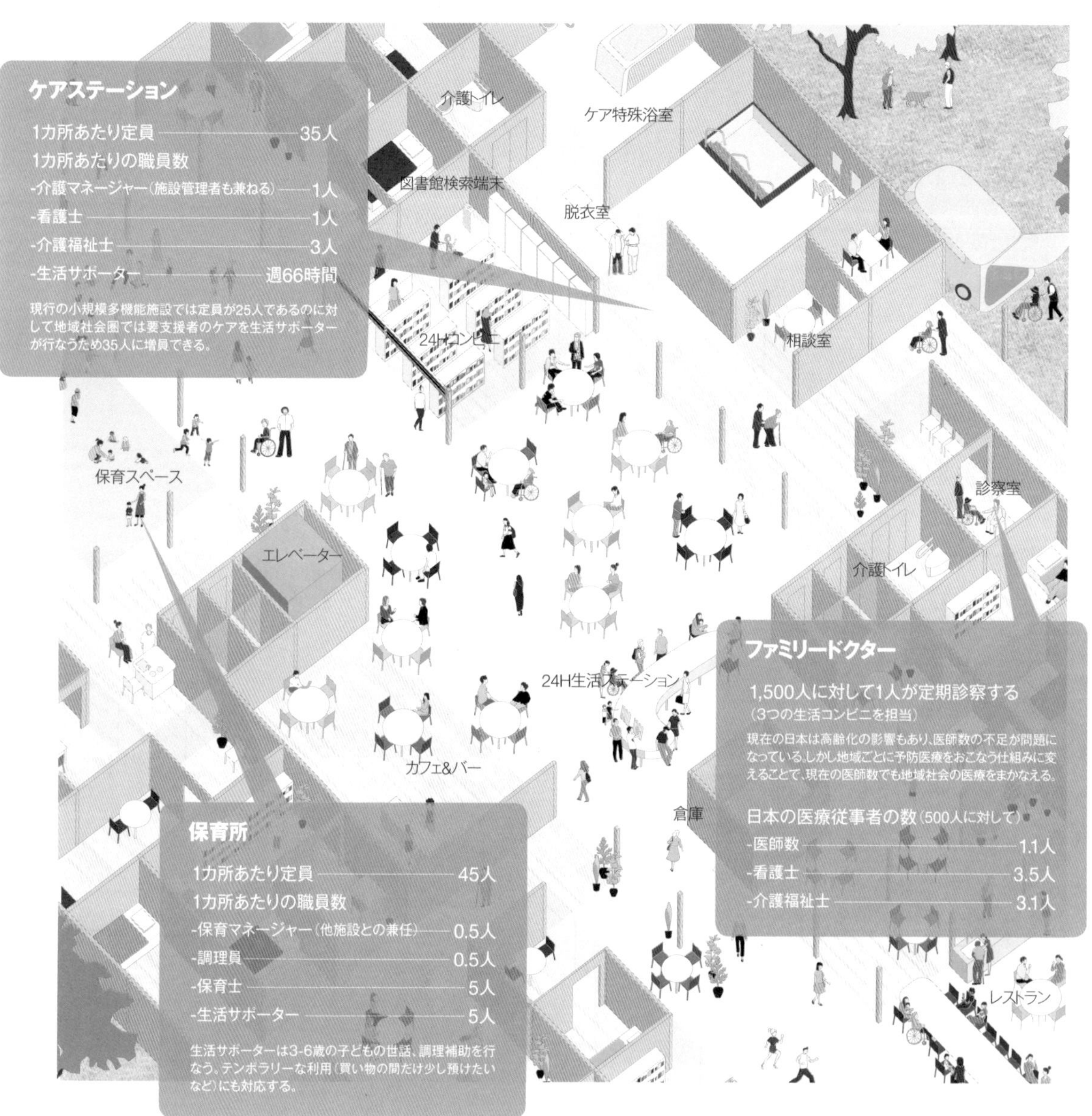

主な機能

生活ステーション(24h)　コンビニ(24h)　情報パネル　カフェ&バー　診察室　介護施設　保育施設

どのように働くか

1 地域社会圏では、好きな時にアルバイトができる

2 アルバイトをしたい人たちは生活ステーションを訪れる

3 サポートリーダーに自分に合ったアルバイトを紹介してもらい、各マネージャーと連携して働く。

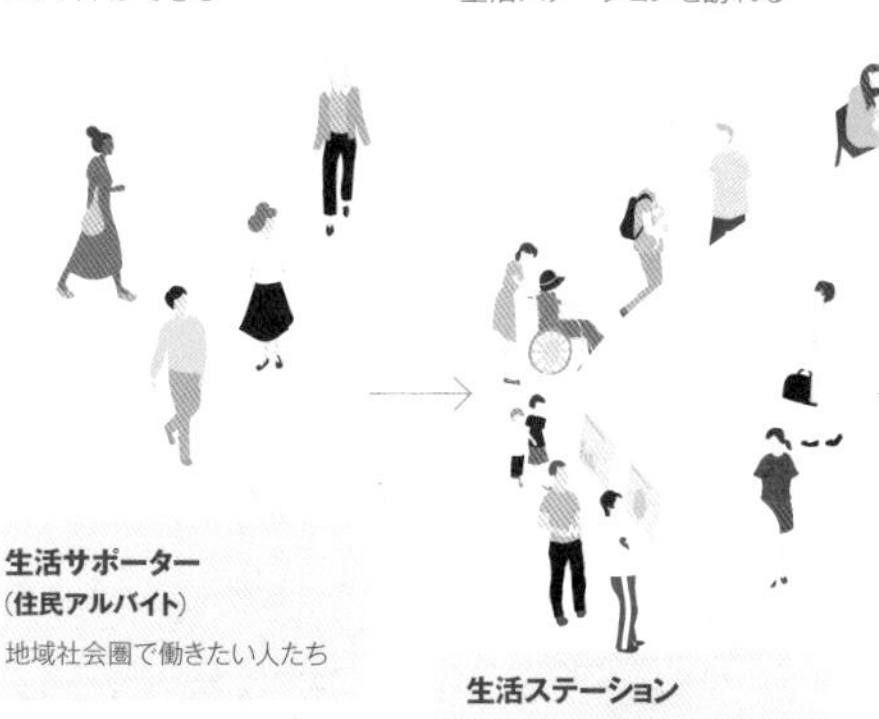

生活サポーター
(住民アルバイト)
地域社会圏で働きたい人たち

生活ステーション
働きたい人、働いてもらいたい人たちの相談窓口

サポートリーダー
生活サポーターの登録内容を管理している。各マネージャーと連携を取り、住民や各マネージャーからの要望と生活サポーターを適確に結びつける役割をする。

連携

4

介護マネージャー [介護福祉士/看護師]
介護を必要としている人の相談を受け、生活サポーターと介護福祉士によるサービスを組み合わ せて、相談者に提案する。ケアステーションの管理人を兼任。

保育マネージャー [保育士]
育児の相談を受け、アドバイスをする。必要に応じて生活サポーターや保育室でのサービスを紹介する。保育所の施設長を兼任。

環境マネージャー [建築家]
地域社会圏内の共用部分の環境を管理する。植栽の剪定や、景観に対する配慮、共用部分の清掃などの仕事を依頼したり、住民からの要望を受け付ける。

賃貸マネージャー [管理運営会社]
コンピュータ管理された地域社会圏内の賃貸状況を把握していて、新規賃貸や、ユニットの増減、退去などの相談受付、管理を行なう。

誰が働くのか

住人1人あたり週に半日、生活サポーターとして働き、地域社会圏の生活サポートを行なう。

候補住人	65歳以上の元気な高齢者 高校生・大学生・専門学生 45-64歳の専業主婦	56/500人 32/500人 60/500人	148人
半日あたり			10人
時給			800円

どのような仕事か

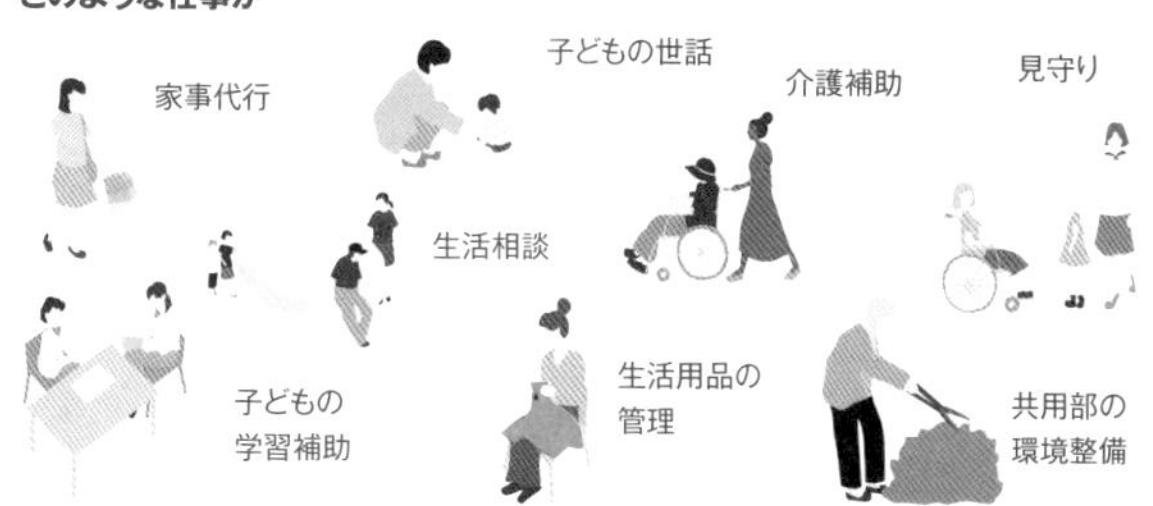

一般会計にしめる社会保障関係費の割合

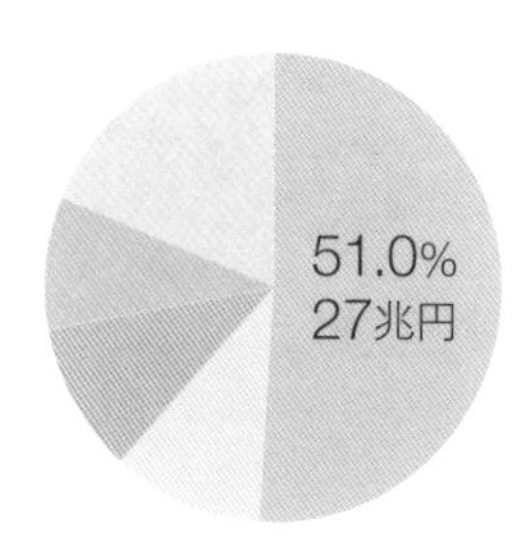

医療、衛生、介護、育児、障害者等への予算は国家予算一般会計の半分をしめていて、年々その割合は増加している。

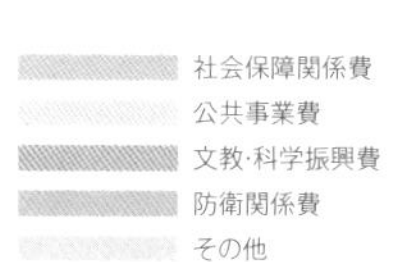

要介護度別の訪問介護(身体介護・生活援助)の利用状況

生活援助中心型　身体介護中心型

生活援助の部分を生活サポーターが担うことで、保健給付費を軽減することが可能。また、専門家の負担が軽減される。

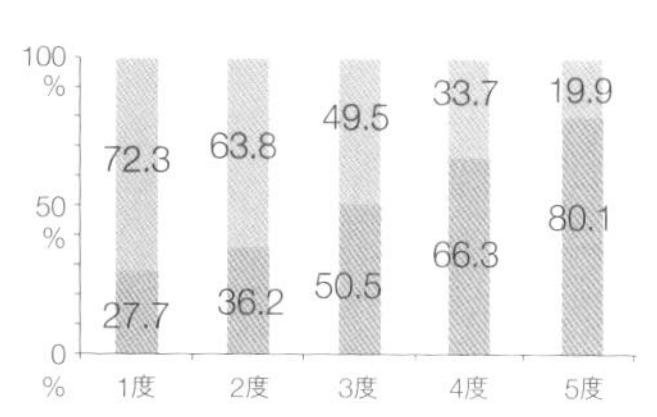

生活援助：掃除/洗濯/ベッドメイク/衣類の整理/衣類の補修/一般的な調理、配下膳/買い物/薬の受け取り/etc

身体介護内容：排泄・食事介助/清拭/入浴/身体整容/体位変換/移動・移乗介助/外出介助/起床・就寝介助/服薬介助/自立支援援助/etc

1ヶ月あたりの要介護度別利用者1人当たり利用時間の構成比(1ヶ月あたりの訪問介護提供時間の合計を100%とした場合・H22年3月サービス分/4月審査分)

省エネルギーなのに快適

Energy-efficient yet Comfortable

地域社会圏はその場所の特性に合わせてつくられ、高密度でありながらも快適な住環境を得るための建築的工夫がなされている。自然エネルギーや通風を利用することで、快適な住環境を形成することを目指している。半屋外の共有部を連続させることで、各「イエ」への風の流れと、全体の風の抜けを確保している。大小の広場を囲んで「イエ」を集合させ、縦の抜けをつくることによって、風を引き込み、さらに建物上部を流れる風との圧力差を利用することで、縦のヴォイドを風が誘引され抜けていくという仕組みになっている。敷地内に流れ込んだ風はジャロジーによって調節され建築の内部に吹き込む。各個室では自然エネルギーを利用した冷暖房により室温を調節する。南・西面に位置する個室の外壁には庇がつけられて、直射による熱負荷を軽減している。全体構成、配置計画では、海風などの恒常的に吹く風の方角に対して集中的に植栽し、建築に流れ込む風を冷却する。また負荷の多くかかるところに局所的に冷暖房設備を施すことで、常に心地よい風が吹き抜ける快適な住環境を目指した。――中田雅実

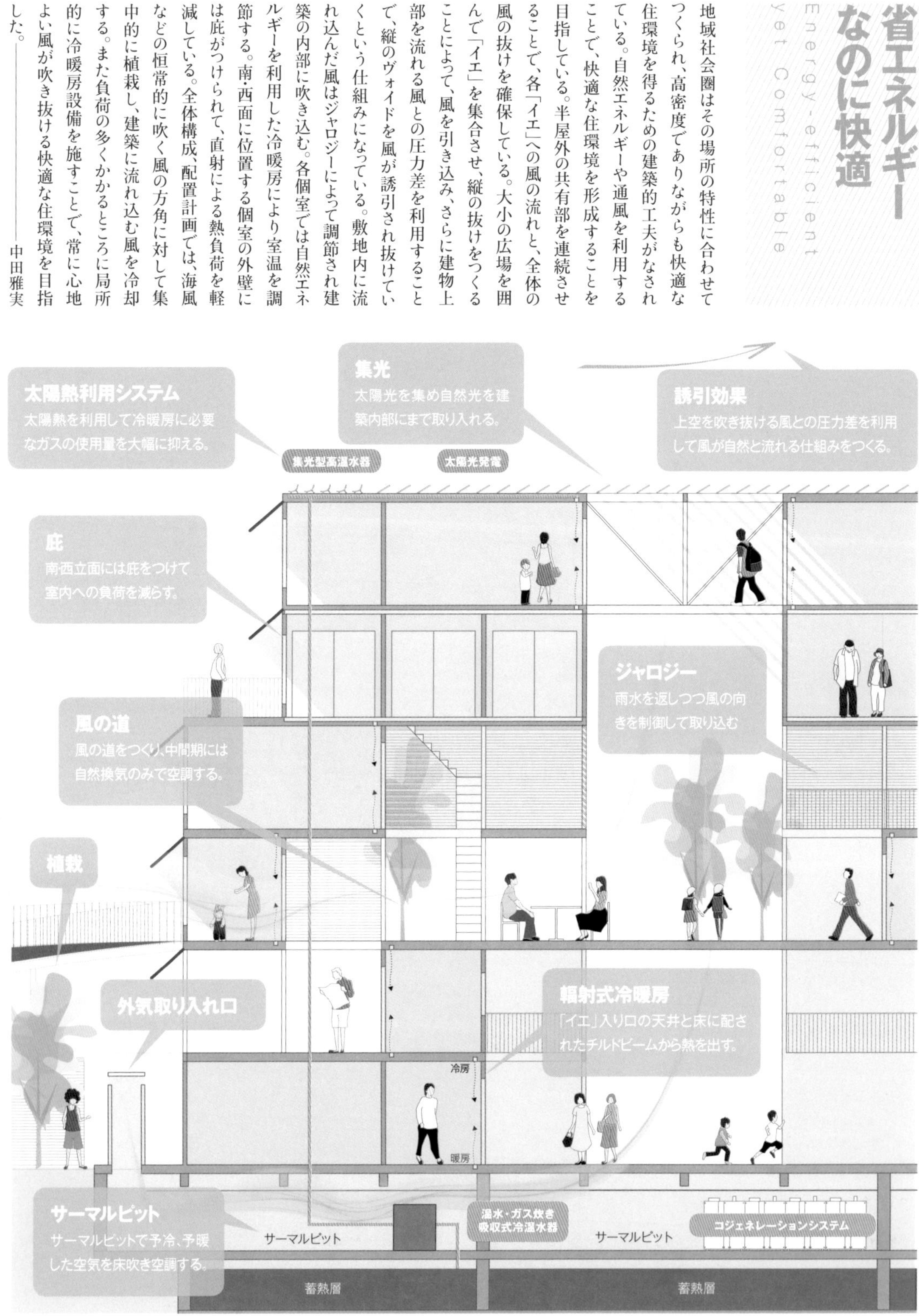

全体計画／多孔質な建築、風が吹き抜けるかたち

植栽によって
空気を冷やす。

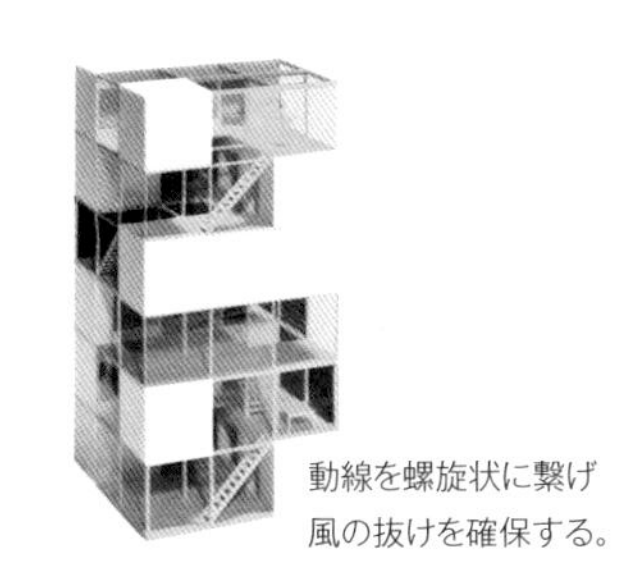

動線を螺旋状に繋げ
風の抜けを確保する。

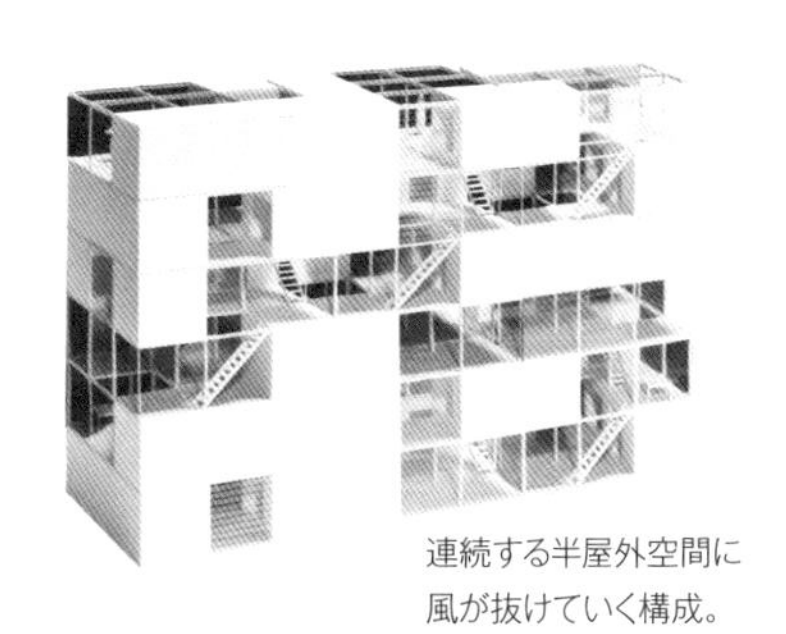

連続する半屋外空間に
風が抜けていく構成。

コンテナサイズのキューブを立体的に組み合わせ、多孔質な建築ができる。
そこに流れ込む風に対しては、風上に木々を植えたり、上空との圧力差で風を引っ張りあげ、冷たい風を積極的に呼び込む。

エネルギーの生産と消費の流れ

従来のシステム

つまりもともと4割しか
使えないシステム

40-43%
57-60%

利用可能エネルギー
利用されない廃熱など
［送電ロス5%含む］

地域社会圏システム

エネルギーファーム
30-45人分（Mグループ）
のエネルギーをまかなう

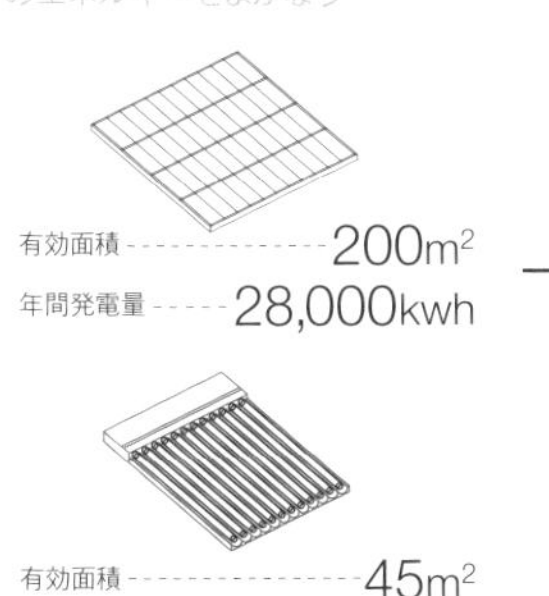

有効面積 200m²
年間発電量 28,000kwh

有効面積 45m²
年間集熱量 33,000kwh

＋

ガスコジェネレーションシステム
120-150人分（Lグループ）
の共有ファシリティーの
エネルギーをまかなう

定格出力 70kva

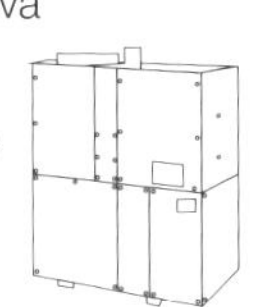

18.2m³/hのガスで
105kwhの熱量
=約2,000ℓ/hのお湯
総合効率85%
発電効率34%
廃熱回収効率51%

共有ファシリティー

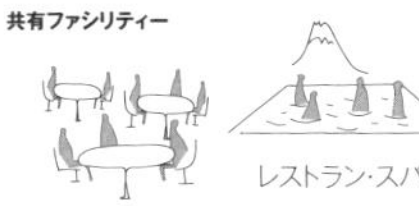

集合し、エネルギー
生産地と消費地が近
くなる事で廃熱など
の未利用エネルギー
を効率的に使える。

8.3%
38.8%
52.9%

利用可能エネルギー 91.7%

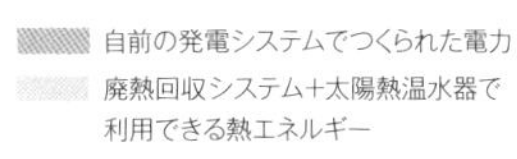

自前の発電システムでつくられた電力
廃熱回収システム+太陽熱温水器で
利用できる熱エネルギー
利用できないエネルギー

消費エネルギーの83%はここでまかなう。残りの17%は風力や水力、地熱などのその場所の特色をいかしたさまざまな代替エネルギーで発電した電気を買電する。

エネルギー使用量は随
時チェック。自分たちの
エネルギーは自分たち
で管理する。

1日1人あたりのエネルギー消費量

•地産エネルギーによる効率化
•消費人数の最適化

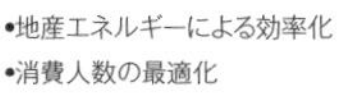

1住宅＝1家族

水	電気	ガス	CO_2
250ℓ	16.1kwh	1.0m³	11kg

地域社会圏

水	電気	ガス	CO_2
250ℓ	11.4kwh	0.25m³	6.86kg

協力／後藤美奈子（環境エンジニアリング）

プレファブリケーション

Prefabrication

地域社会圏の工法は、シンプルなフレームとパネルを組み立ててつくるシステム工法である。立体的な部屋の取り合いを可能にするためフレームにパネルをはめ込んでいく方式とし、フレーム、パネルともに最大寸法は2·4m×2·4m×2·6mのコンテナ規格を採用する。その地域に合った共通仕様書をつくり、部材や接合部、ディテールを共通化する。それによって、大量生産によるコストダウンが見込める。部材のサイズをコンテナの規格に統一することで、日中でも一般道の走行が可能な中型トラックを利用することができる。あるいは内装まで仕上げて運ぶことができる。これらの工夫により総合的な工費を1m^2あたり18万円程度に抑える。

雑壁、耐震壁など数種類のフレーム・パネルを組み合わせることにより、小さな寝室の空間から大きな体育館の空間までを自由につくることができる。このようなつくり方により、居住者の構成や利用方法の変化に対応する。

——田中邦明

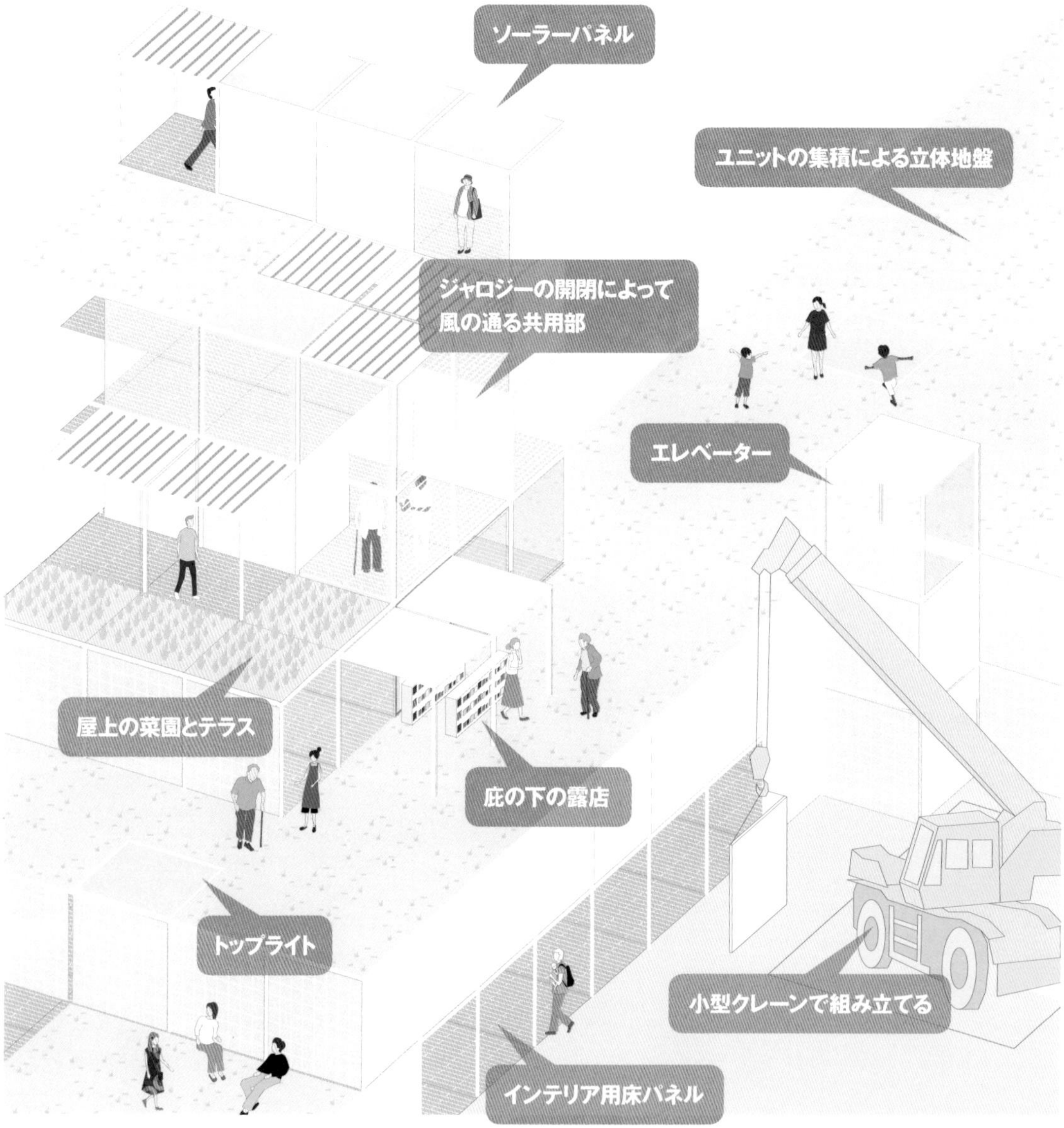

コンテナサイズのユニットによるコストメリット

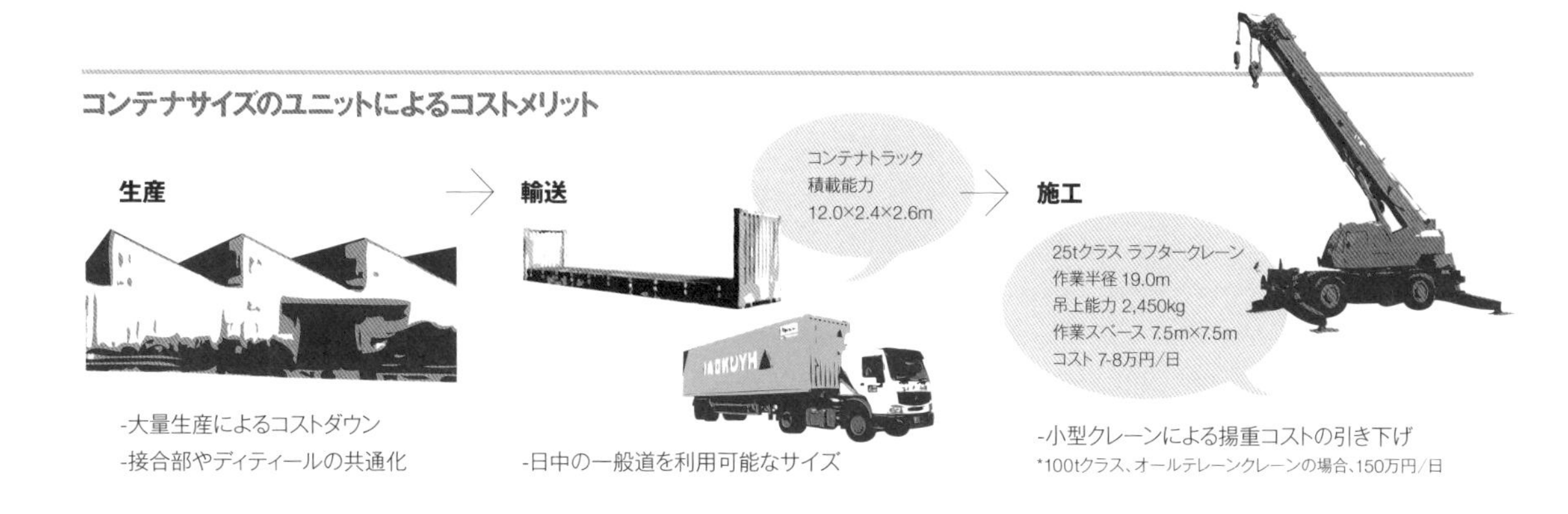

-大量生産によるコストダウン
-接合部やディティールの共通化

-日中の一般道を利用可能なサイズ

-小型クレーンによる揚重コストの引き下げ
*100tクラス、オールテレーンクレーンの場合、150万円/日

基本フレーム・部材寸法

さまざまなパネル・ユニット

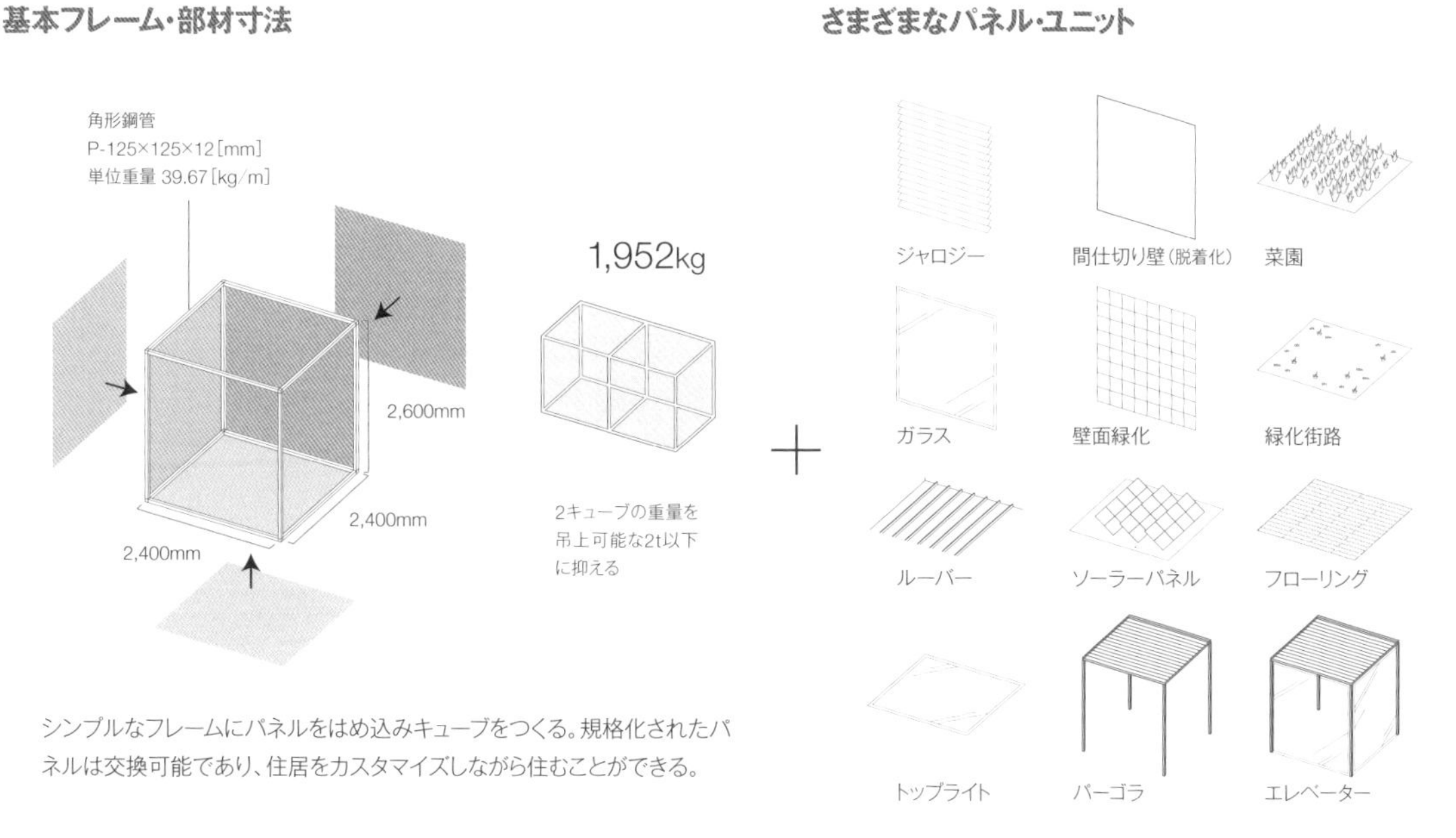

シンプルなフレームにパネルをはめ込みキューブをつくる。規格化されたパネルは交換可能であり、住居をカスタマイズしながら住むことができる。

基本フレーム・部材寸法

フレームとパネルの組み立て方を工夫することで、大きなスペースをつくりだすことも可能である。強固な構造体による固定化を避け、どの場所にも変化・改造の可能性を残すことができる。

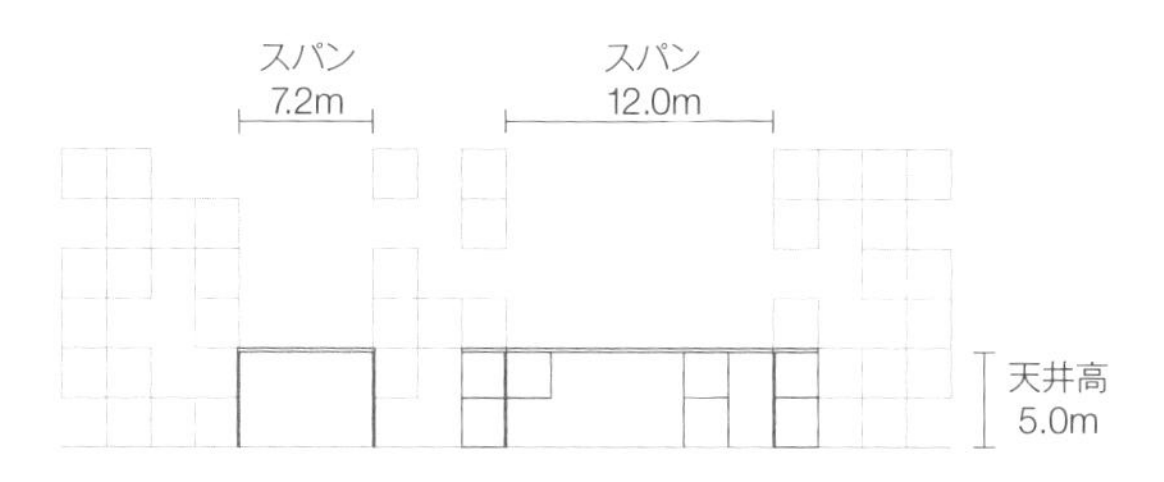

7.2mのH鋼とキューブの組み合わせでさまざまなスパンを実現する。

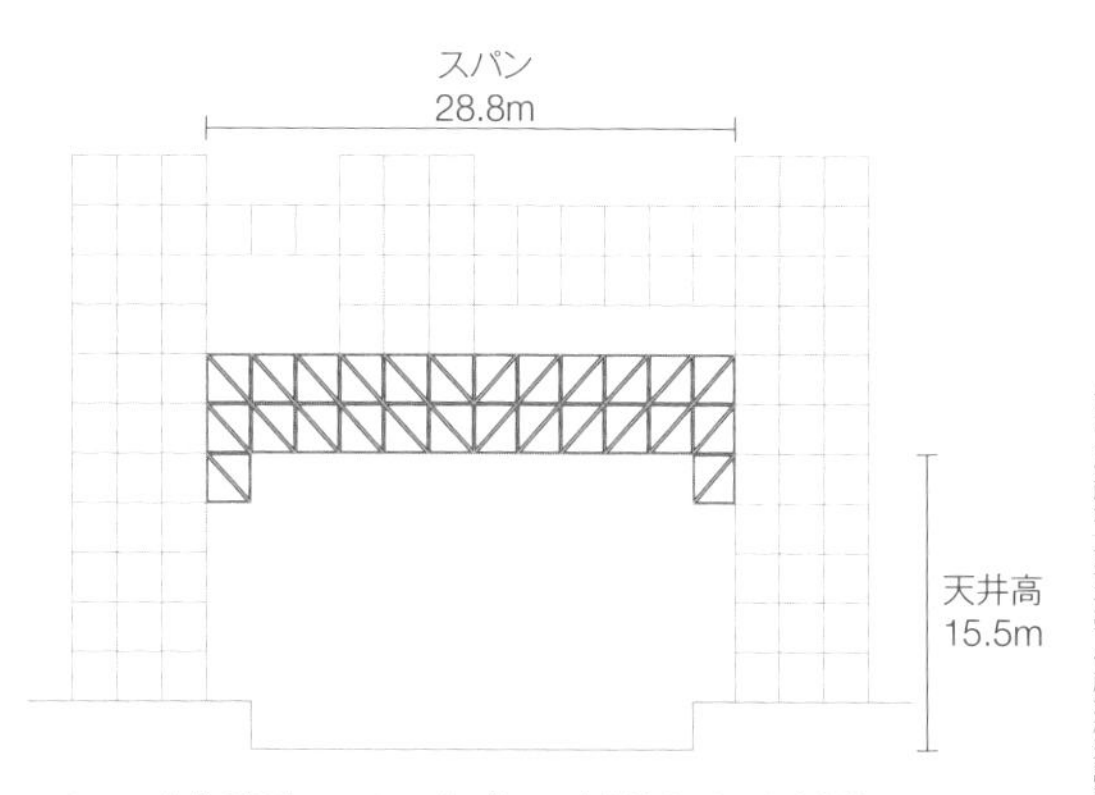

2ユニット分の厚み5,200mmにブレースをかけることで大きな梁として扱い、大きな無柱空間をつくる

協力：佐藤淳│東京大学、佐藤淳構造設計事務所

コミュニティビークル
Community Vehicle

現在の交通システムは自家用車と、バスや電車などの公共交通によって成り立っていて、私たちの生活は交通渋滞や狭い道にまで自動車が進入してくる危険と同居している。そこで、地域社会圏を交通システムとともに考える。長中距離の移動は電車やバスなどの公共交通を使用し、自動車は共有化し、維持管理費用や駐車場を削減する。居住地域内の交通にはコミュニティビークル（CV）を採用する。CVは自転車や電動車椅子よりも積載能力が高く、幅員の狭い道や建物のなかにも進入できる。また、地域内にはCV専用道とCVバッテリーを交換できるCVステーションのようなインフラを整備する。インフラとともにCVを考えることが極めて重要である。CVで子どもや高齢者を乗せて近くの駅やスーパーに行く事ができる。移動距離や用途に応じたきめ細やかな交通インフラを整えることで、いままでの生活のし方そのものを変える。

——玉田誠

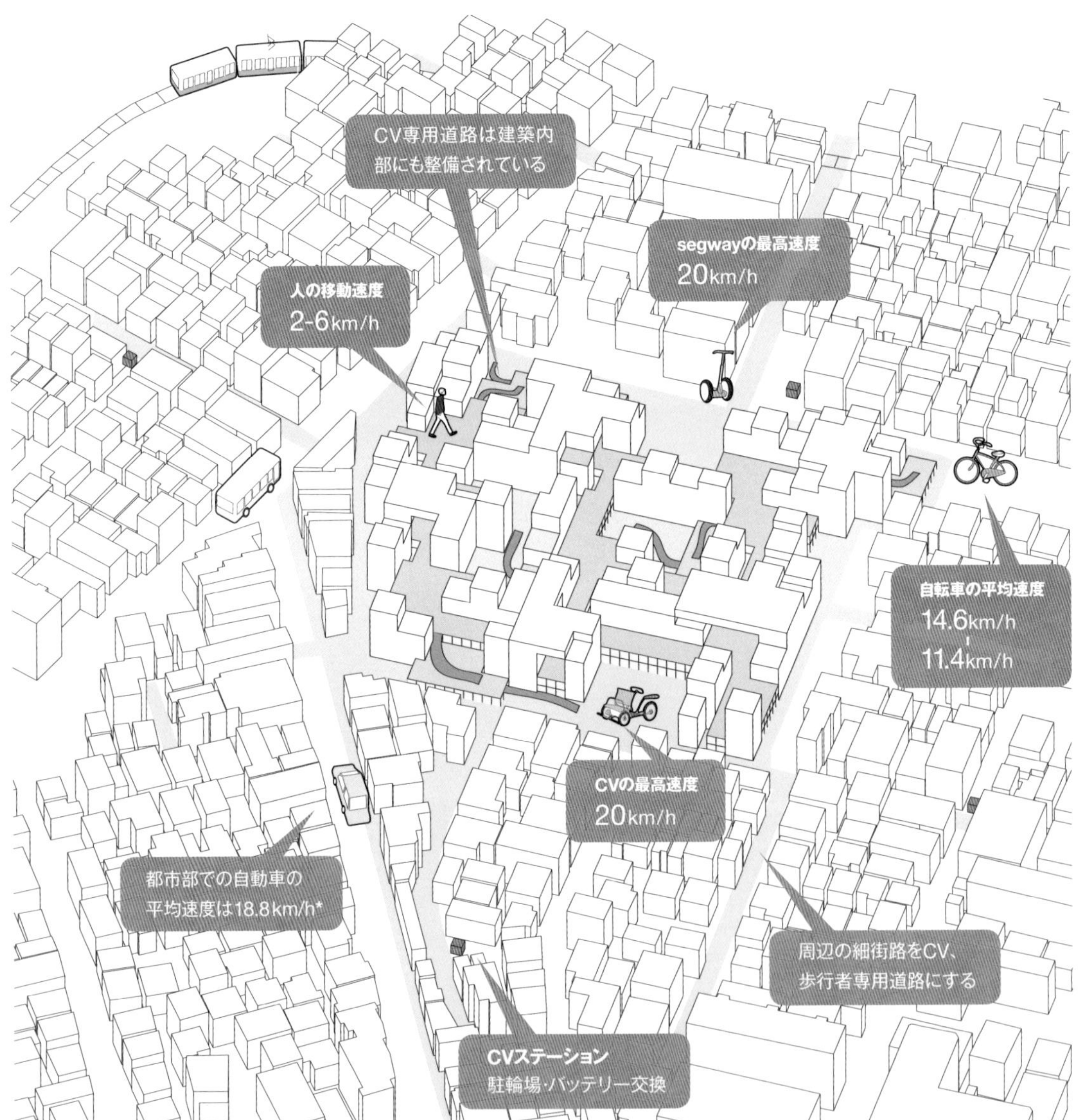

*自動車の一般道での法定速度は20-60km/hだが、実際の都市部での平均速度は18.8km/hである。

距離・用途に合わせた移動手段の選択

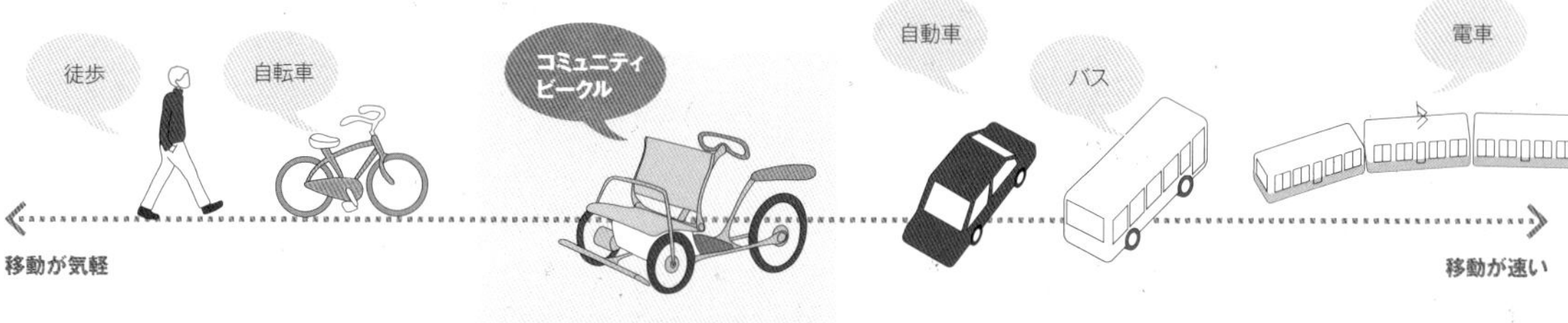

もっとも気軽な移動手段だが長距離移動や雨天時、荷物の持ち運びなどに不向き。また高齢化の進む地域においては現実的ではない。

地域社会圏に固有の中間的なモビリティ

長距離移動には向くがやや気軽さに欠ける。また自動車への依存が高まることで都市部での交通渋滞など、都市問題にもつながる。

コミュニティビークル(CV)

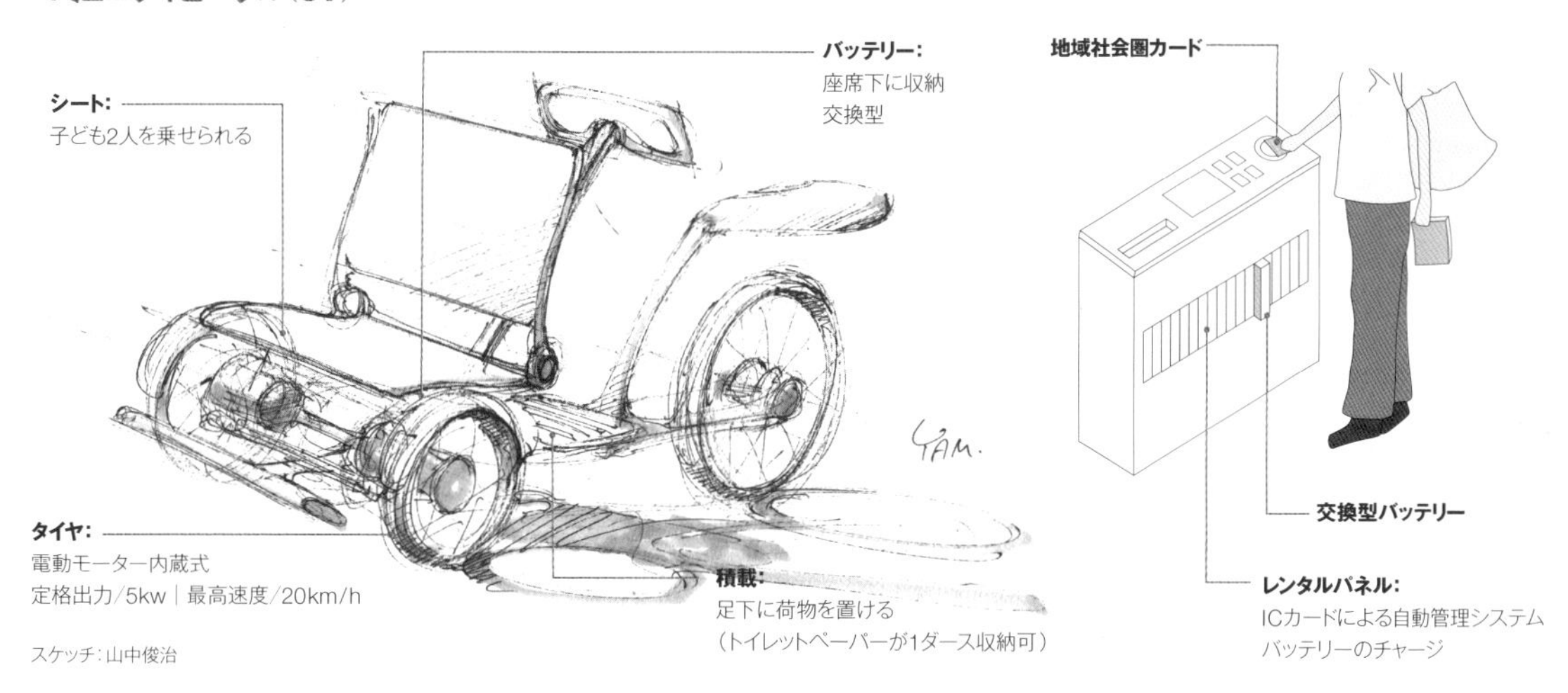

スケッチ:山中俊治

専用道路(CVレーン)の整備がCVのスペックを身軽にする

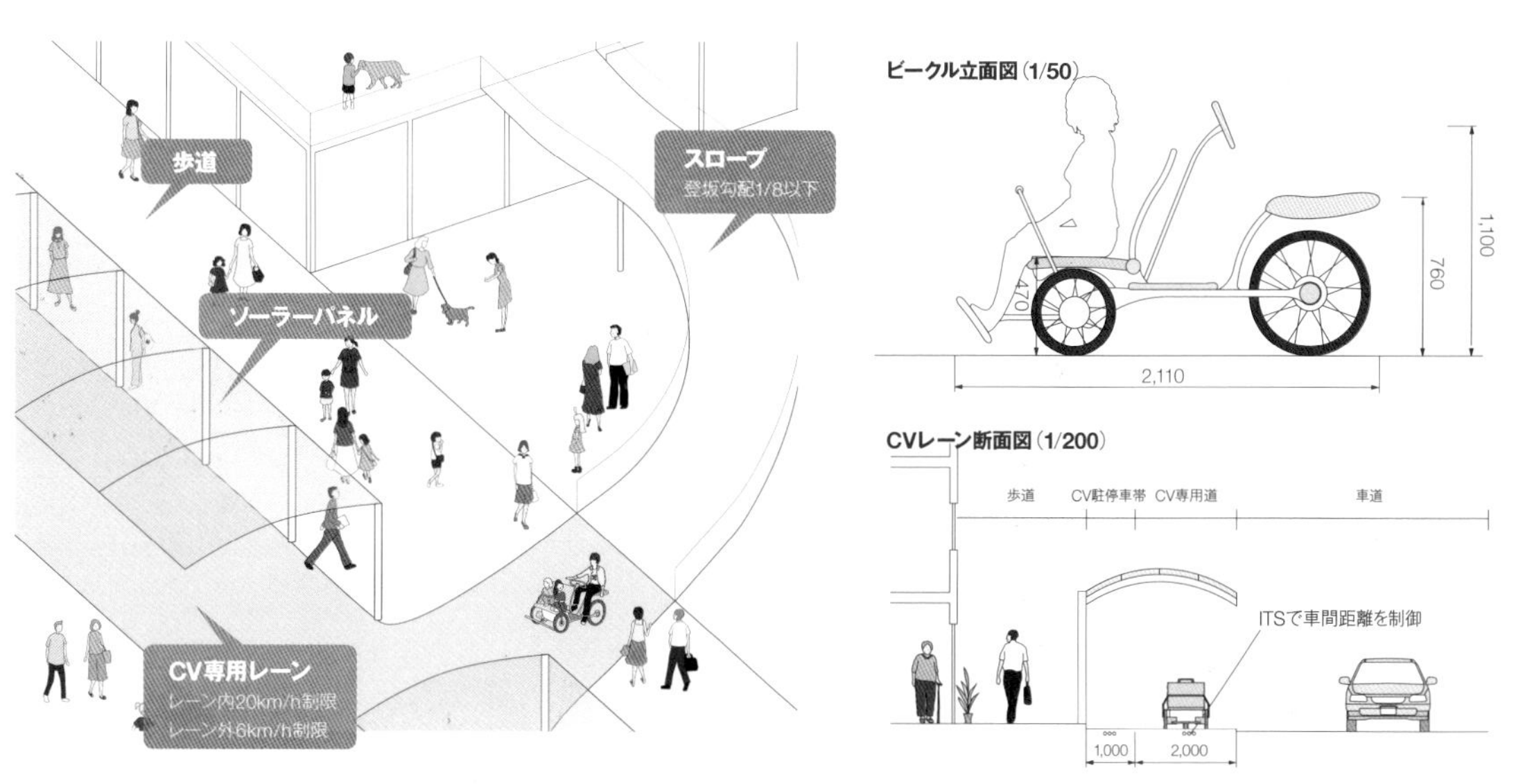

協力:慶應義塾大学山中俊治デザイン研究室

CASE STUDY

郊外高密モデル

A Dense Suburban Model

周辺のスケールとの調和

風の豊かな下町

郊外高密タイプの敷地は横浜市鶴見区。JR鶴見駅から湾岸の工業地帯へ伸びる電車にのって2駅目のそばで、廃校になった工業高校跡地である。敷地の大きさは2.3haで、ここに1700人（ヘクタールあたり750人）が集まって住むような集合住宅を構想した。

南側に広がる工業地帯を除けば、周辺の人口密度は、ヘクタールあたり215人。一世帯あたりの人数は1.87と、2人を切る。住民の老年化指数は200前後の地区もあり、横浜市の平均値を超えている。単身化、高齢化が進行している様子がデータから伺える。

敷地周辺の印象を端的に言えば、下町。海が近く、風が豊か。そこに、世代、職業、国籍も多様な人びとが住んでいたり、働いたりしている。そんな場所である。

周辺一帯は、2-3階建ての建物が建て込んでいる。建物の種類は多様で、戸建住宅、木賃アパート、ワンルームアパート、工事関係者の寮、小さな店舗、町工場などなど。鉢植えが道路に並び、夕涼みに人が出てくるような光景が残っている。鶴見川沿いの工場跡地には板状の高層マンションが建っていて、足下は大きな駐車場になっている。新しい建物になるに従って、自然や地面と離れていってしまうことがよく分かる。そのような意味でも典型的な下町の風景と言える。

この建て込んだ具合をさらに印象づけているのが、公園や緑の少なさである。緑地面積は市の平均を大きく下回る。江戸時代は近郊農業地だったことから、戦後、土地の切り売りがどんどん進行したのだろうと思われる。そのため、大きな空地や公園のようなものはない。細い道路が貴重な外部空間になっている。良い意味で細い路地の良さを計画に活かせないかと考えた。

敷地の南側には京浜工業地帯の一角が広がる。近年は産業構造の変化により、工場が研究所に変わったり、新しく理化学研究所や市立大学の大学院がつくられたりしていて、工場労働者以外にも研究者や学生がこの町を訪れる。さらに、これは鶴見区の特徴であるが、外国人居住者が多い。人口の3.5%が外国人である。

このような場所であるからこそ、集合住宅でありながら、いろいろな人が集まるような性質を持った場所にしようと考え、それは風通しのよい、公園と一体化した地域社会圏のイメージにつながった。

「丘」をもつ低層高密モデル

鶴見での地域社会圏は、2階-3階レベルに「丘」と名付けた緑のオープンスペースをつくりそこに「イエ」の集合を配置する。6階建てを限度とする。このような構成を取ることで、周辺地域にオープンスペースを提供しながら、建物の高さを低く抑えることができる（上イラスト参照）。

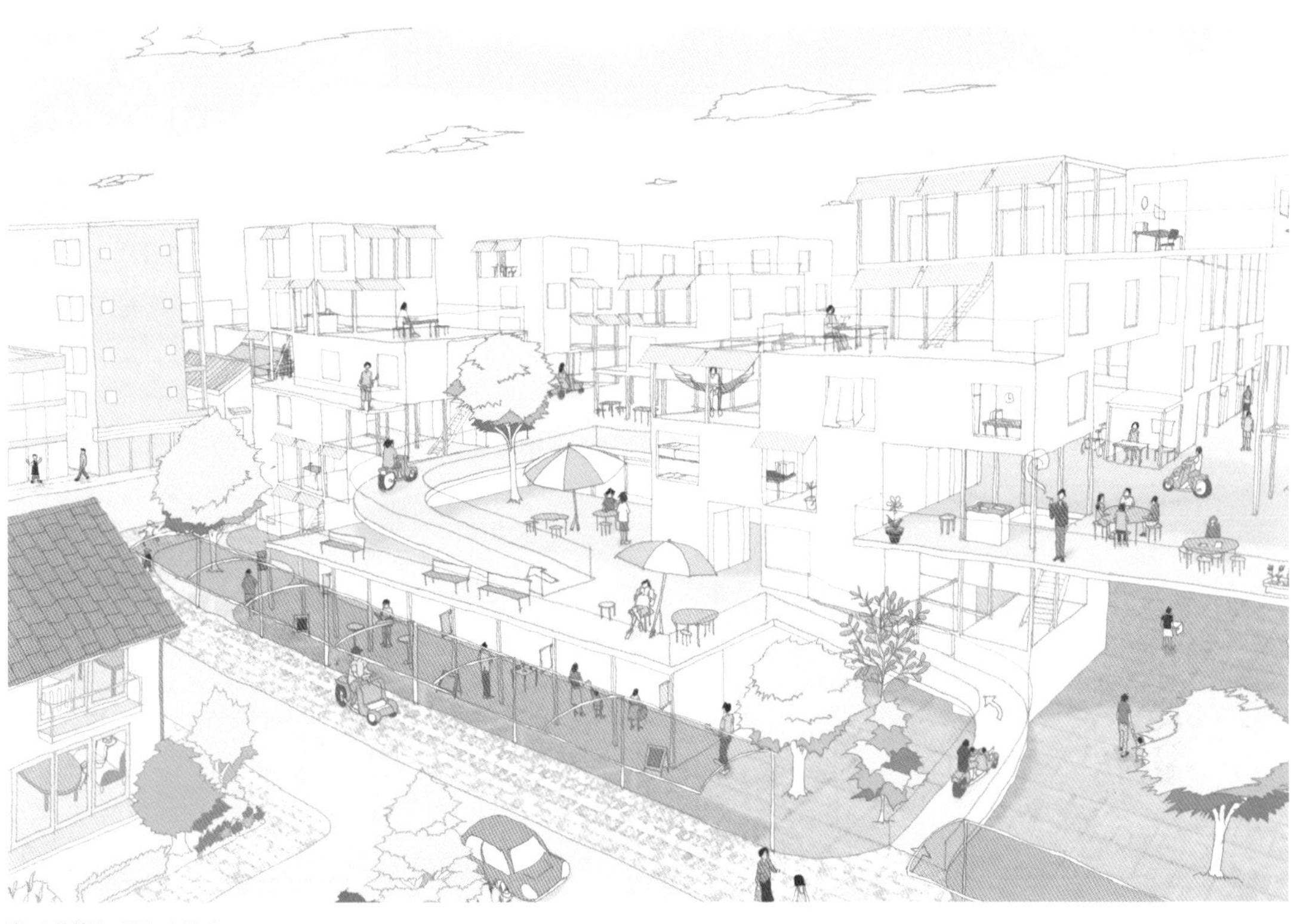
街から連続する公園のような丘

「丘」は地上面からスロープで結ばれ、周辺に開かれた緑豊かな公園である。と同時に、趣味の場所や仕事場（「見世」）が面する、商店街のような場所である。「丘」の下は生活コンビニなどの生活支援スペースが置かれた、屋根付きの外部空間である。ここもまた、周辺から自由に出入りできる場所である。（p.40参照）
「イエ」のユニットは螺旋状に積み上げられ、立体的な路地をつくる。またそれが横方向に連結されることで路地どうしがつながって住戸へのアプローチが複数確保され、また、有効な風の道になる（p.42-43参照）。

選択可能性

アプローチが複数あること、つまりアクセスする道を選べるということは、設計にあたり重要視したことである。いつもと違うビストロでキッチンを借りたいこともあるだろうし、今日は誰にも会いたくない、ということもあるだろう。個人の専有部を小さくし、豊かな共用部を利用しながら生活する地域社会圏では、経路を選択できることはとても重要である。さまざまな形状のイエのなかには、意図的に二つの出入口を持つものをつくった。そもそも丘があることで、この地域社会圏は、地面と丘という2つの接地階を持ち、動線的にも選択可能性を高めるという骨格を持っている。
平山洋介さんは「所属のフレキシビリティ」と表現されたが、その時々に応じて、人とのつながりを選択できること、自分が属するグループを選択できること、このような特徴を持たせることは、軽やかなコミュニティづくりのために重要であると考えた。ここで提案する丘が周辺地域に開かれた生活の場をつくると同時に、自由なコミュニティが生まれる場所となることを期待している。

仲俊治

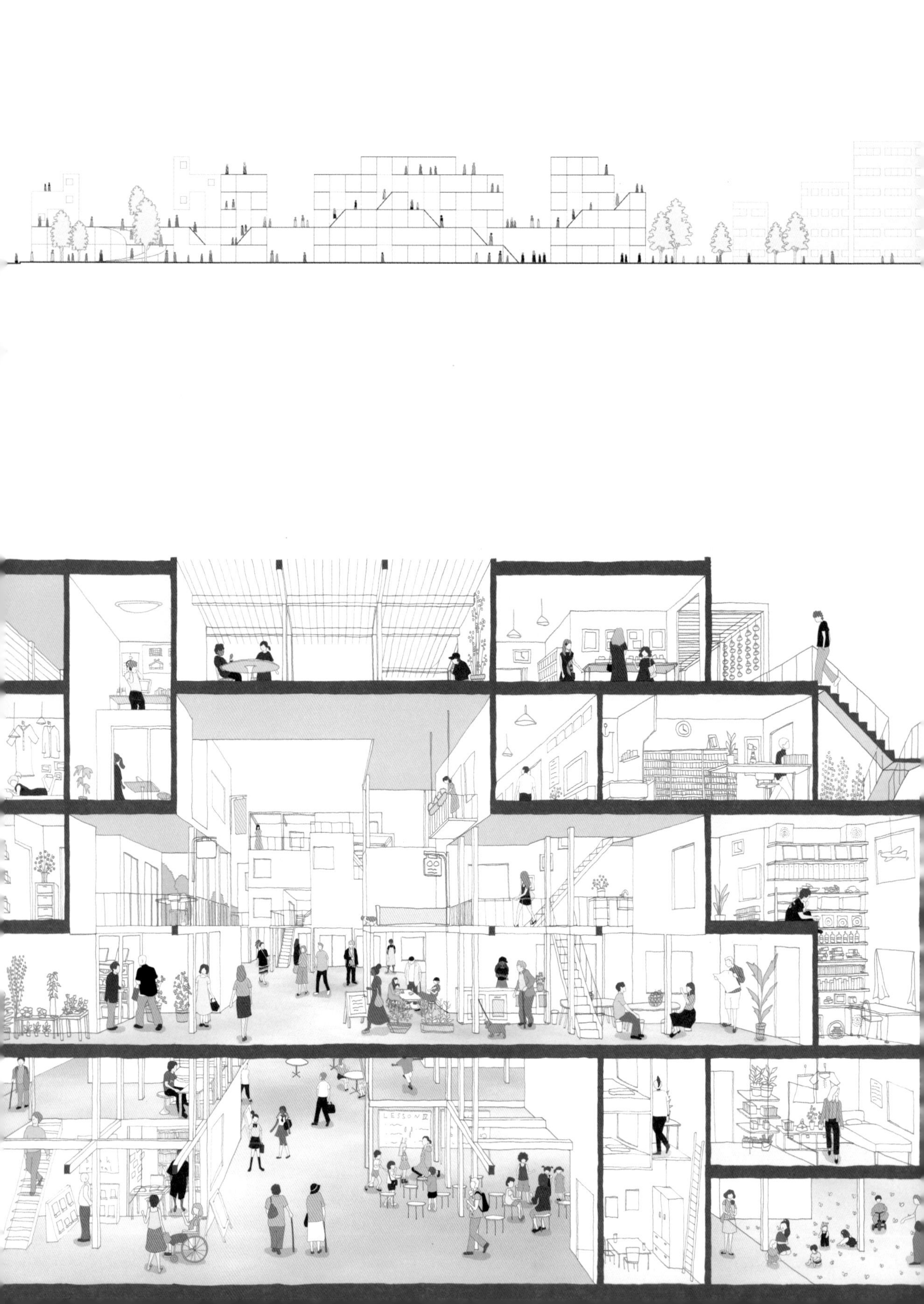
LESSON Ⅳ

全体断面図 1/800

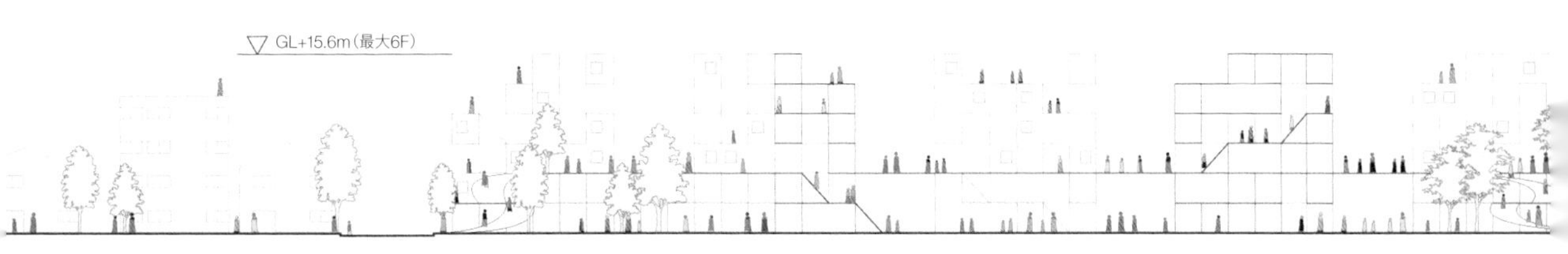

部分断面透視図 1/125

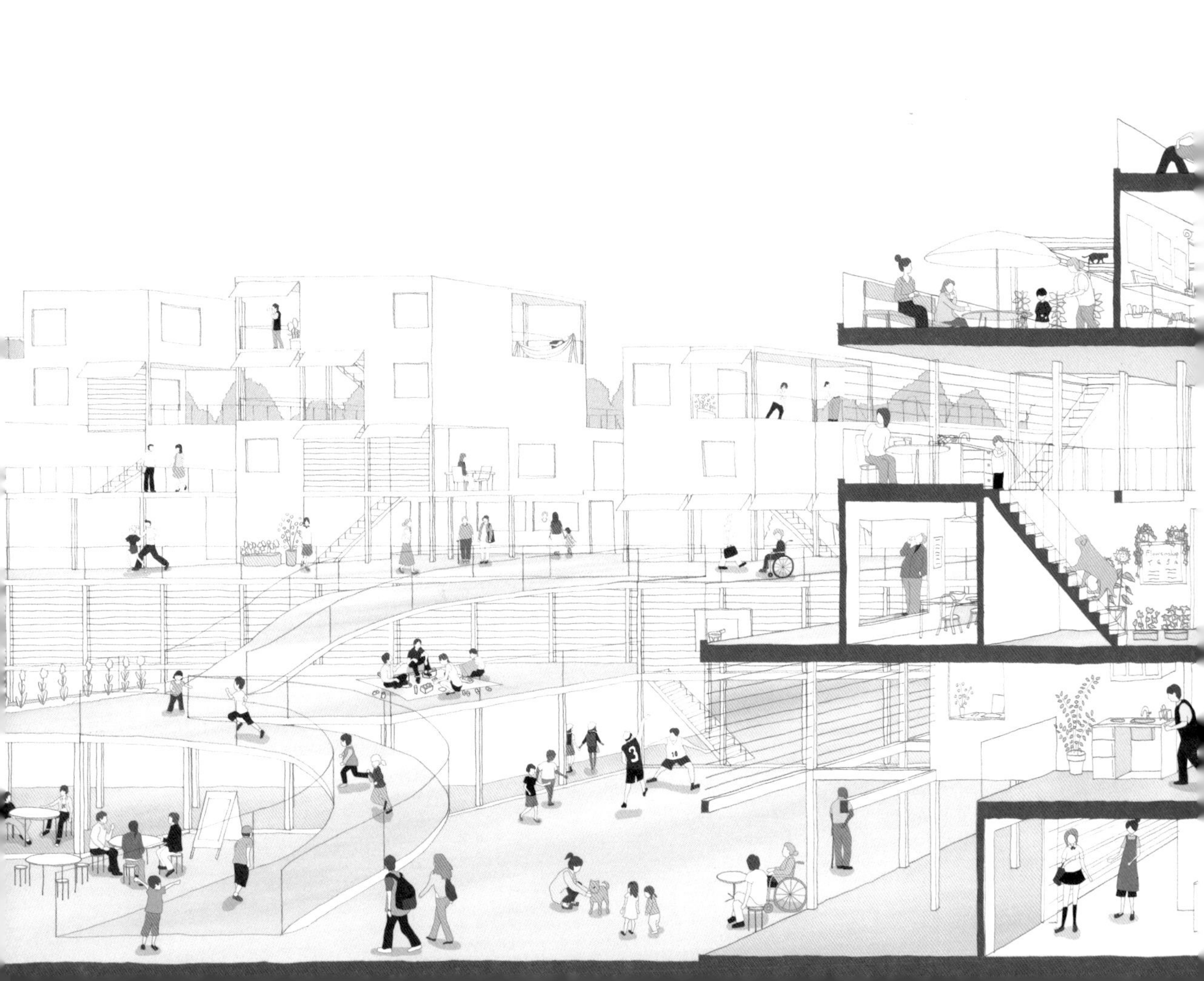

地域社会圏
郊外高密モデル

人口密度
diagram (same scale)

木造
密集地

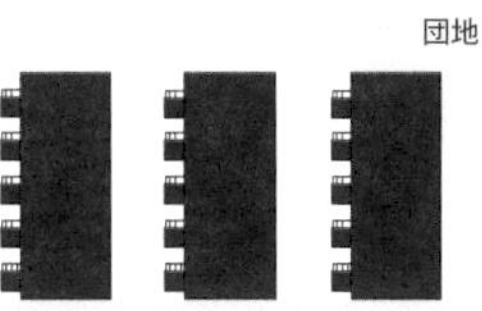

団地

戸建
住宅地

地域	鶴見	子安地区	左近山団地	港北ニュータウン
人口密度	750人/ha	390人/ha	187.3人/ha	70.2人/ha
主な用途地域	準工業地域(第5種高度地区)	準工業地域(第5種高度地区)	第1種中高層住居専用地域(第3種高度地区)	第1種低層住居専用地域(第1種高度地区)

人口構成

総数	1,700人(750人/ha)
-14歳	255人
15-64歳	1,105人
65歳-	340人

家賃

キューブ数	料金
1	34,400yen
2	52,800yen
3	71,200yen
4	89,600yen

建築規模

敷地面積:22,830m^2
建築面積:14,722m^2(64.5%)
延べ床面積:42,619m^2(186.7%)
住居面積:17,048m^2(1人あたり10m^2)
店舗面積:7,671m^2
学校面積:4,893m^2(廊下部分含む)
共用面積:13,007m^2
容積率:186.7%
建物高さ:15.9m(地上6階/地下1階建て)

ファシリティ

スパ・コモンストレージ:11ヶ所
生活コンビニ:3ヶ所
レストラン・レンタルキッチン:11ヶ所

対象地

横浜市鶴見区下野谷町、
市立鶴見工業高等学校跡地

設計チーム

仲俊治
佐伯亮太、田中邦明、中田雅実

CASE STUDY

都心超高密モデル

A Super-dense Urban Model

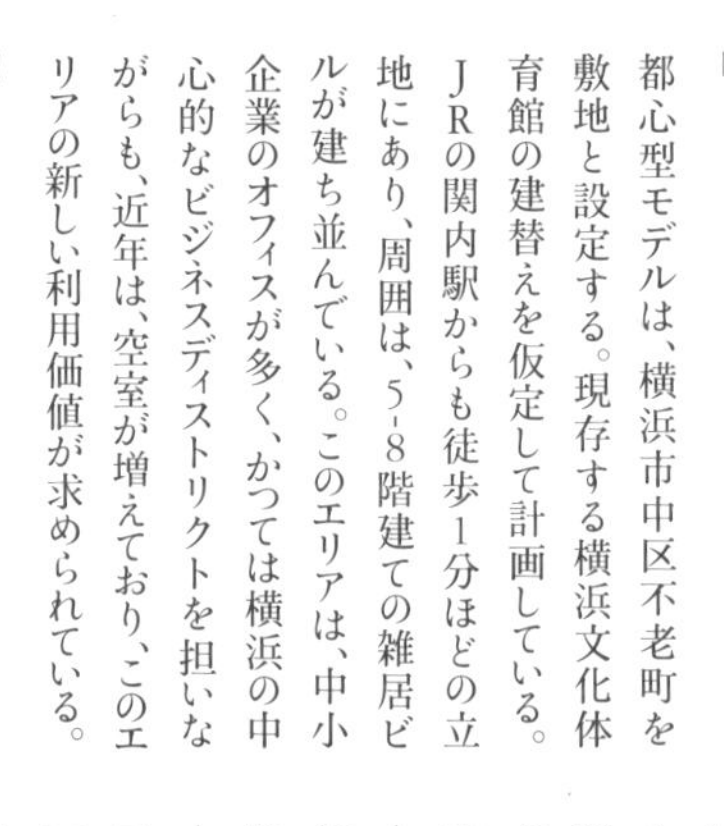

周辺街路と連続する広場

都心超高密モデル

都心型モデルは、横浜市中区不老町を敷地と設定する。現存する横浜文化体育館の建替えを仮定して計画している。JRの関内駅からも徒歩1分ほどの立地にあり、周囲は、5-8階建ての雑居ビルが建ち並んでいる。このエリアは、中小企業のオフィスが多く、かつては横浜の中心的なビジネスディストリクトを担いながらも、近年は、空室が増えており、このエリアの新しい利用価値が求められている。

高層ではなく中層

敷地面積1.1ha、指定容積率500%のこの敷地では、通常では、20階建てのタワーマンションが建つことが想定される。経済効率が優先されるタワーマンションでは、建設コストを抑えるため、外皮を最小化し、床を積層するわけだが、結果として、建物は塔状に突出し、景観を乱し、街や地面との関係が切断してしまいがちである。この地域社会圏都心型モデルでは、高さを周囲の建物に合わせた最大8階建ての中層に抑えることで、周囲の景観に調和させている。また、中層にした利点を生かして、建物の内部全体を地面からスロープでつなぎ、街と連続した共有空間を建物内に作っており、そのスロープに沿って、大小さまざまな広場が立体的に展開することで、人々の活動を上層まで巻き上げて行く。中層にした場合、採光が難しくなる建物の中心部には、文化体育館の機能を引き継ぎ、誰でも自由に使うことのできる都市広場を配置する。朝市や展示会、コンサートなど都市的な活動をサポートする多目的広場である。

住むこと、働くこと、都市的なエンタテインメントの混在

「地域社会圏」は「イエ」の集合体である。「イエ」は「見世」と「寝間」によって構成されている。この都心モデルではその「見世」が起業の場所になる。あるいは「見世」が肥大化されて、ある程度の広さを持ったオフィスやレストラン、バー、店舗としての需要も見込まれる。ここでは住むことと働くこと、都市的なエンタテインメントが渾然一体となることで、内部は立体化された街のようになり、周辺商業地域を刺激し活性化させる役割を果たす。CV(コミュニティビークル)はこの立体都市の屋上部分までスロープによって上ってくることが可能である。あるいは周辺にまでCVのためのインフラを整備することで、この「地域社会圏」の内側だけではなくて、周辺を含めたこの市街地区一帯を地域社会圏的環境に変えることができる。

高齢者が都心に高密に住むモデル

都心型モデルでは、居住者の30%超が65

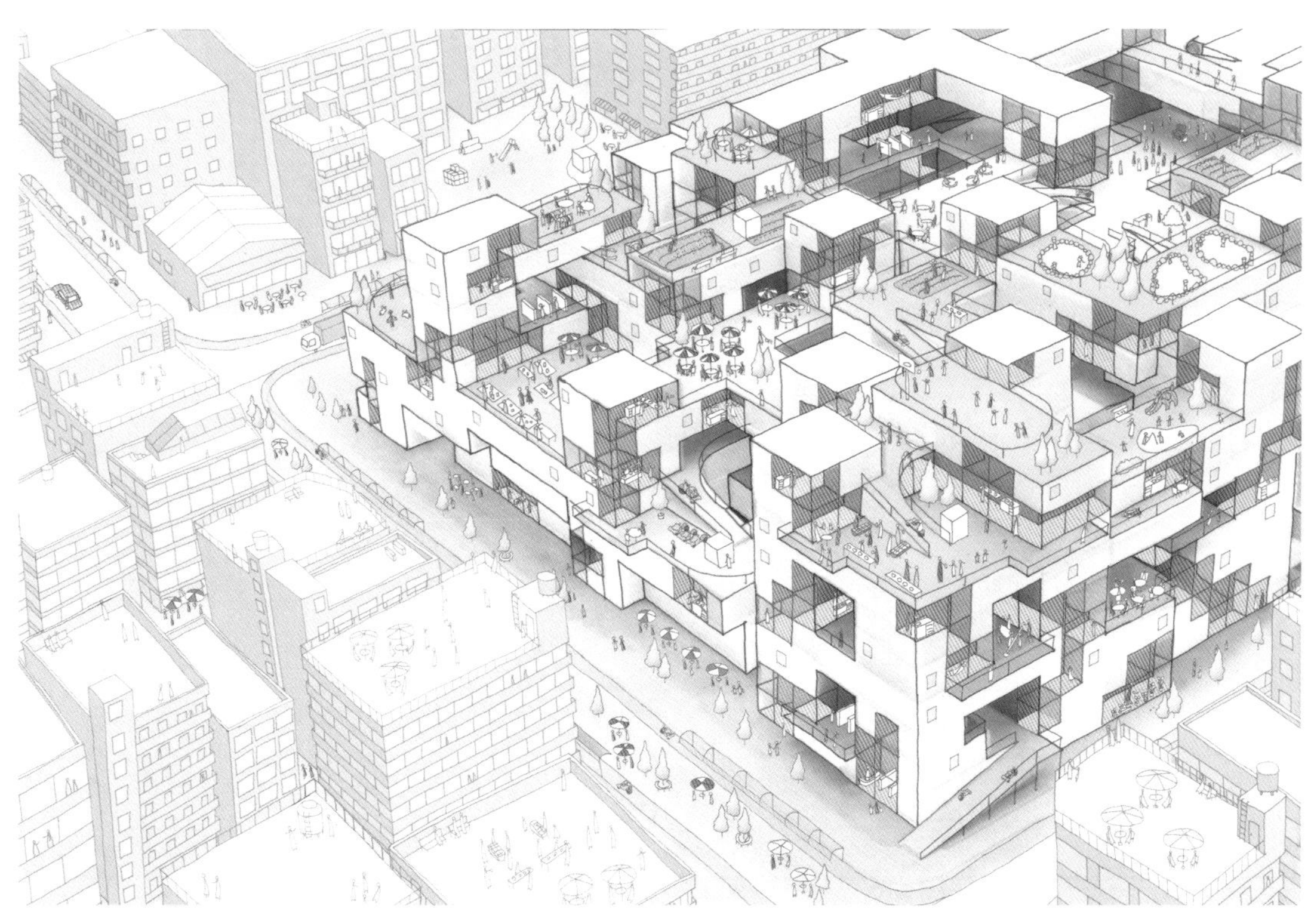

立体的に点在する広場

歳以上の高齢者である。これは、現在のこの地域の平均的な高齢者割合の倍近くである。現在の日本の社会では、高齢者を施設に閉じ込めて社会の外側に追いやる傾向があるが、むしろ、高齢者は都心に住んで、その近傍に医療、介護、看護のための施設を充実させるべきである。この「地域社会圏」のなかの生活コンビニがその役割を担う。同時に元気な高齢者は「生活サポーター」としてこの「地域社会圏」の維持管理に参加してもらうことができるし、あるいは「見世」を利用してアイデア次第で小銭を稼ぐこともできる。一石三鳥である。

人口密度は1500人/haである。1.1haの敷地に超高層マンションよりも多くの人が住むことができる。それも既存の周辺環境とともにいままでとはまったく違う新しい都市環境をつくる。

——

——末光弘和

▼GL+20,800
▼GL+18,200
▼GL+15,600
▼GL+13,000
▼GL+10,400
▼GL+7,800
▼GL+5,200
▼GL+2,600
▼GL+0
▼GL-2,600

断面図 1/150

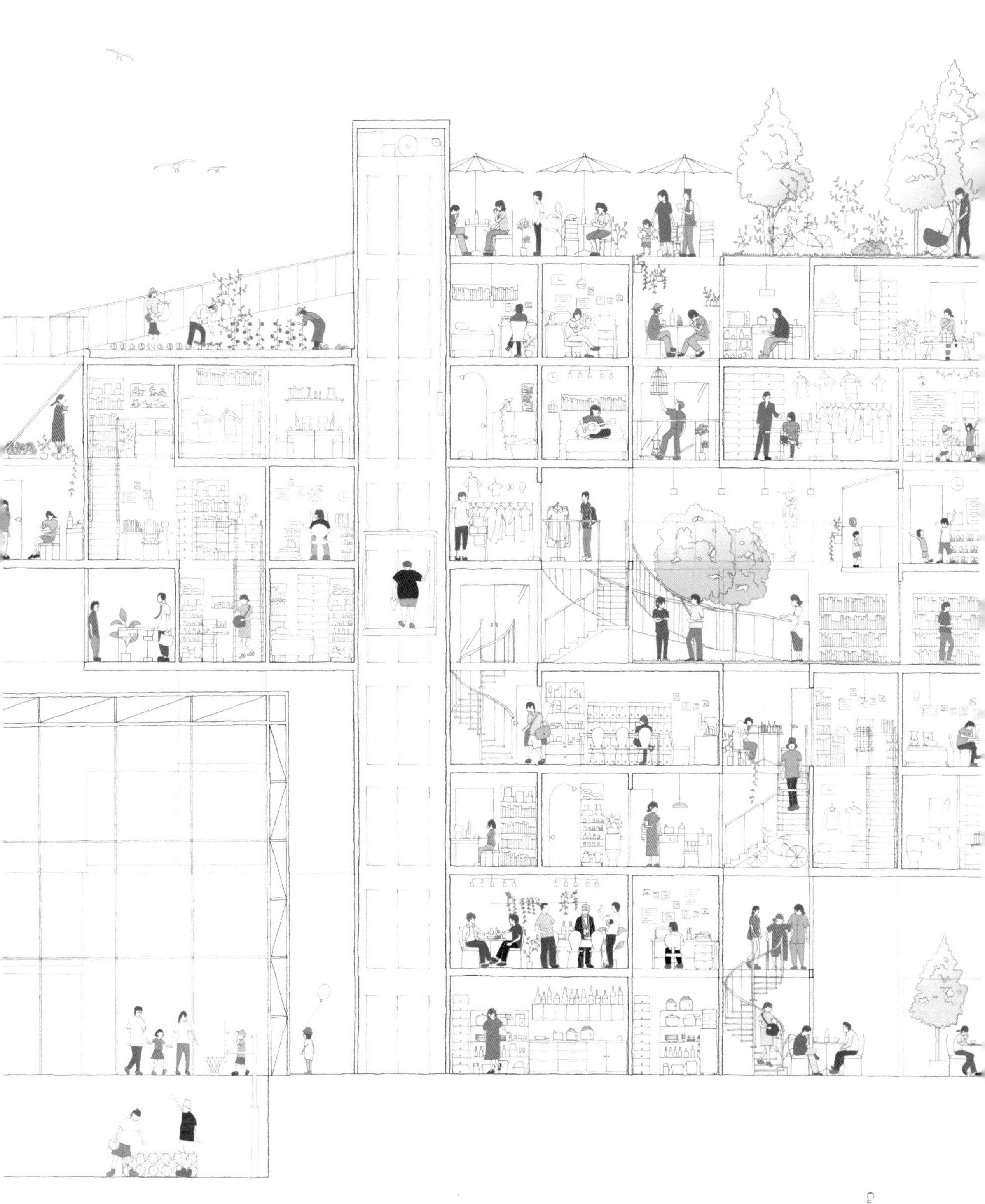

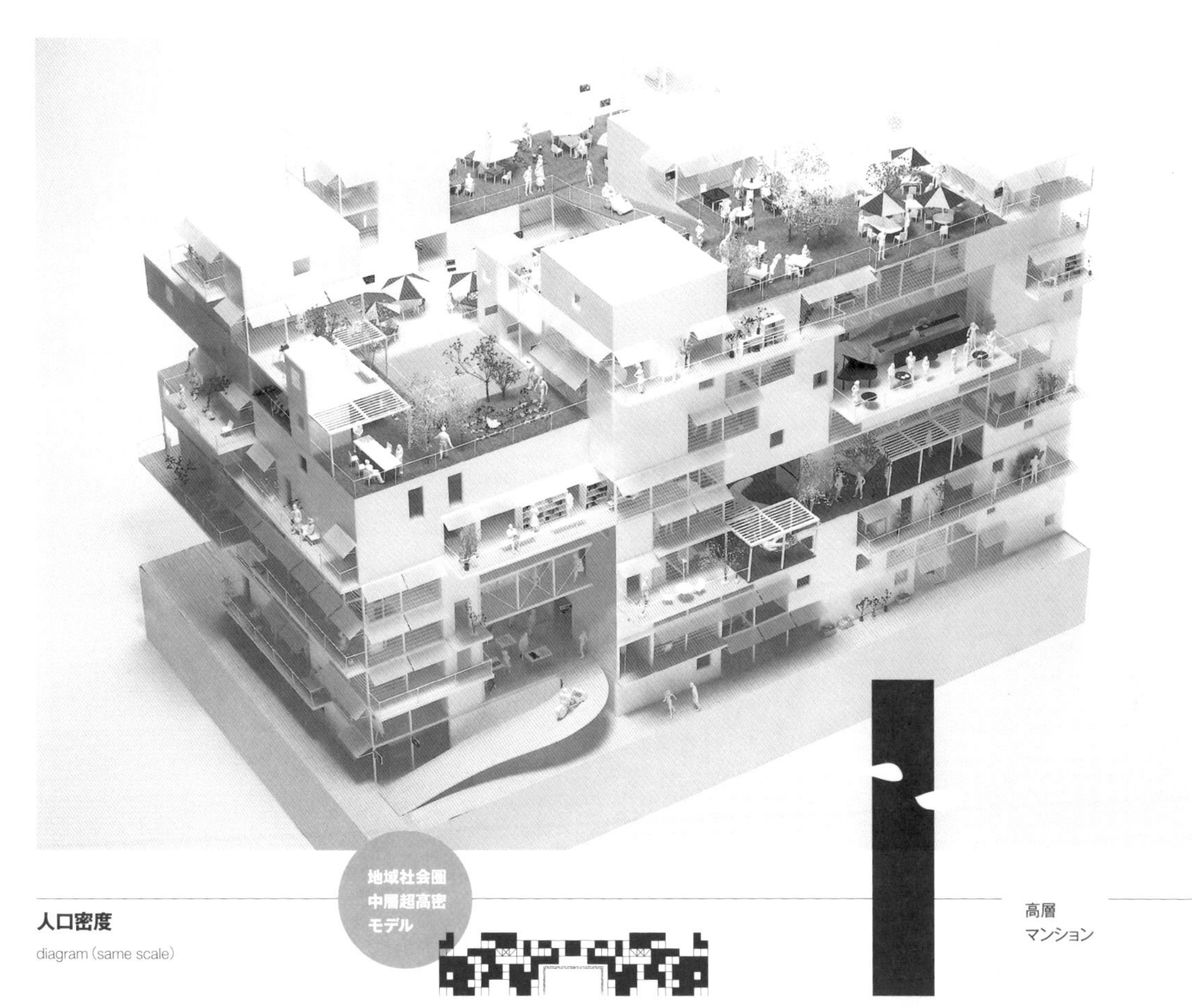

人口密度
diagram (same scale)

地域社会圏
中層超高密
モデル

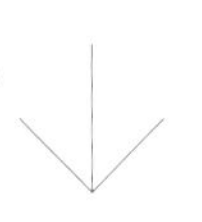

高層
マンション

	地域社会圏中層超高密モデル	高層マンション
地域	関内	みなとみらい
人口密度	1,500人/ha	1,055人/ha
主な用途地域	商業地域（第7種高度地区）	商業地域（最低限1種高度地区）

人口構成

総数	1,650人（1,500人/ha）
-14歳	198人
15-64歳	825人
65歳-	627人

家賃

キューブ数	料金
1	40,400yen
2	64,800yen
3	89,200yen
4	113,600yen

建築規模

敷地面積：11,000m²
建築面積：9,890m²（89.9%）
延べ床面積：55,000m²（500%）
住居面積：15,840m²（1人あたり9.6m²）
店舗面積：14,681m²
体育館面積：2,124m²（廊下部分含む）
共用面積：22,355m²
容積率：500%
建物高さ：21.1m（地上8階/地下1階建て）

ファシリティ

スパ・コモンストレージ：11ヶ所
生活コンビニ：5ヶ所
レストラン・レンタルキッチン：11ヶ所

対象地

横浜市中区不老町、
横浜文化体育館敷地

設計チーム

末光弘和
秋山照夫、藤末萌、真鍋友理

地域社会圏をめぐる議論

Discussions concerning Local Community Areas

仲俊治
Toshiharu Naka

横浜国立大学大学院Y-GSA（建築都市デザインコース）山本理顕スタジオ（2007-2010年度）のスタジオ課題が「地域社会圏」であった。2010年度には「地域社会圏インディペンデントスタジオ」として、山本教授と設計助手の末光と私、16人の学生で研究会をつくり、関連する分野の企業や自治体にも参加いただいた。この「地域社会圏インディペンデントスタジオ」では、市内2箇所に具体的な敷地を定め、集合住宅モデルの基本設計を行なった。プロジェクト会議という全体会議を4回、その他分野別の会議を行ないながら、設計にフィードバックした。二〇一一年四月以降は、山本教授のY-GSA退官を契機として自主的な研究会に移行し、各分野における詳細検討、事業モデルの検証など、肉付けを行なった。

研究を進める最中に東日本大震災が起こった。震災後、地域社会やエネルギー供給についてさまざまな議論が巻き起こっているが、これらは地域社会圏の研究テーマの中心であり、社会的な意義を再確認して研究を進めることになった。

研究会の目標は、「地域社会圏」のハード（建築やインフラ）とソフト（その供給・運営方法）とを具体的に設計することである。検討に際して二つの決めごとをした。一つは「地域社会圏」実現の目標を二〇一五年とすること。つまり、現在の技術を前提にするということである。もう一つは、既存の制度（法律や規制）は意識しつつも、囚われすぎないこと。われわれが望ましいと思うモデルを組み立てることで、むしろ制度についても提案していこうと試みた。さまざまな議論を呼ぶだろうが、住宅の問題を社会の問題にしたいと考えた。

500人の集住によるプラットフォーム

地域社会圏モデルの特徴は、1——家族単位ではなく個人ベースの住宅供給／2——500人の居住者を運営上の一単位とすること、に集約できる。多様な居住者像を想定し、その500人というまとまりに現代的な価値を見いだそう、ということである。

このことはまず、効率的なエネルギー利用の点から期待を持って受けとめられた。「居住者が多様であればあるほどエネルギーピークが平準化され、効率的にエネルギーをシェアしやすくなる」（第2回プロジェクト会議、小屋さん／東京ガス株式会社）という意見である。

この500人の単位は、第3回プロジェクト会議では「プラットフォーム」（巌さん／日産自動車株式会社総合研究所、山本さん）と表現された。500人の単位を行政サービスの受け皿かつ自治組織として考えようという視点である。

たとえば現状では、介護サービスや福祉施設への公的な支出がある。それらを500人のプラットフォームがまとめて受け取り、使い道を決めるというアイデアである。現実的にこのプラットフォームを運営するのはNPO組織なのか、それとも株式会社に似た組織がいいのか等の議論もあった。エネルギーの管理もこのプラットフォームが主体になる。これらの議論は最終的に「生活コンビニ」の提案につながった。これは居住者を物理的にも心理的にも支え、また行政コストの低減につなげる提案である。

集まって住むメリット

これらのことを考えていくと、地域社会圏の内部においては、ある程度のルールや義務のようなものが発生する。似たようなものに町内会があるが、現在、町内会の活動に参加している人は僅かだろう。僕もほとんど参加していない。しかしこの地域社会圏ではもう少し拘束力が強そうである。そうまでして何を実現したいのか、なぜ集住するか、という問いにわれわれは何度も向き合うことになった。エネルギーの効率利用や生活支援サービスの充実に議論の大半が集中したが、一方でそのためだけに集合するわけではない、という意見も出された。齟齬というと言い過ぎだが、われわれの提案を発展させるうえで重要な意見だったと思う。

第1回プロジェクト会議で井関さん（UR都市機構）が「ばらけた個人がつながる必然をどのようにデザインするか」と発言された。居住者一人ひとりにとっての500人という単位の意味は何なのか。エネルギーや金銭的なメリットとは別に、地域社会圏ならでは生活の楽しさ、豊かさを提示したいという意見のように僕は思えた。

この意見はその後の「地域内ワーク」という提案に発展していった。これは、個人の趣味や特技などが、他人のために活かせる環境づくりの提案である。子供を一時的に預かったり、緑を育てて木陰を提供したり、日曜大工や外国語を教えたり。個人がサービスの受け手だけでなく、担い手にもなれる。「自己実現」というとかしこまっているが、他人に期待されて嬉しいと思える生活である。この部分については、詳しくは38-39頁を参照していただきたい。

プロジェクトに集まる

この「地域内ワーク」を発展させる形で、僕はもう一つの可能性を考えている。それは「プロジェクトに集まる」ということ。地域社会圏のなかにいくつかのプロジェクトをつくり、興味を持つ人たちが移り住んでくる、というアイデアである。

今回は紙面の都合で深く掘り下げていないが、鶴見と関内で提案した二つの地域社会圏ではそれぞれプロジェクトを掲げている。鶴見では公園とインターナショナルスクール、関内では体育館と起業である。それぞれのプロジェクトは時間をかけながら楽しんで参加するものである。と同時に、これらは地域性に基づいていて、それゆえに周辺に住む人たちも参加でき、あるいは利益になるものである。そんなプロジェクトに興味を持つ人たちが移り住んできたら面白いと思う。

たとえば、鶴見の「公園」プロジェクトは、庭いじりの好きな人たちが菜園で野菜を作ったり草木を育てたりすることを通じて、周辺に住む人たちも散歩に訪れるような公園をつくり、快適な環境をつくりだそうというものである。近年、何人かで菜園を借りてプロの指導の下に野菜を作ったり、エディブルランドスケープという景観・環境づくりにつなげたり、という活動がある。ここでは、緑地を経由させてから風を取り込むことで涼しい環境をつくることを考えている（本書p.42-43）。緑・景観・エコといったテーマを連動させて、一人ひとりの楽しみが周りの役にも立つ、という図式をつくろうと考えた。

従来の集合住宅の供給は、どうしても入居者を収入で選別してしまい、それゆえ周辺との関係が閉ざされるように思う。一部でもいいから、経済力とは別の枠組みで居住者が移り住んでくれば、現状に風穴を開けられるように思えた。

もちろん、このアイデアについては、カルトのような排他的な共同体に変質する可能性があるとの議論があった。これに対しては、プロジェクトの運営方法、建築のつくり方を開放的にすることで回避しようと考えている。プロジェクトは固定的なものでなく、同時多発的に行なわれてもいい。また建築のつくりかたについては、複数のアクセスを計画したり、移住がしやすいようにファシリティを用意したり、あるいは自分の属するグループをその都度選択できるような空間構成にしたり、という検討に重点を置いた。

公の役割

もう一点、議論を分けたのは、居住環境の整備に公はどこまで関与するかということである。もっと具体的に書くと、公共用地を定期借地とし、建設資金の1/3を公的な資金とした事業モデルの是非である。金額を示すことができたのは研究会の一つの成果だと思うが、この金額は、すでに各種施設（高齢者向けマンションの整備や保育所など）に縦割り的に出されている補助金を集約しても足りない。このことをどう考えるか。詳しくは、69頁の事業試算を見ていただきたい。

公共自治体には財政的余力がないという理由で公的補助の可能性に懐疑的な意見が多かった。反対に、住宅とはセーフティネットだから積極的に関与すべきという社会政策的な観点からの意見もあった。供給側の儲けを減らせば事業費は減らせて補助金額を抑制できる、という意見まであった。

最終的には、地域社会圏のさまざまな公益性を算出しようとした。生活支援や環境整備にかかる行政コストの削減額を試算することで、建設資金の1/3の補助が妥当であることを示したかったからである。この作業は非常に難しく、たとえば、生活コンビニによる介護コストの抑制額算出などは今後の課題だと思っている。

私たちはどう暮らしたいか

以上、議論が分かれた主な部分を中心に紹介してきた。議論をしていると面白いもので、「どこでどう育ったか」の紹介合戦の趣があった。システムや構成とは別の次元で、暮らしの提案において、それが身体感覚に合っているかいないかが重要であることを再確認した。

少し話がそれるけれども、公の役割に関連して面白い議論があった。今回、地域社会圏とその周辺地域で使うことのできるローカルモビリティを、デザイナーの山中俊治さんと、慶応大学の山中研究室に提案していただいた。そこでの議論で、出席者から「安全は公が担保する、という仕組みがある限り、規制は常に増え続け、コストは上昇する。しかし地域社会圏という中間組織があれば、その状況を変えることができるかもしれない。たとえば道路交通法上極めて不安定な自転車はどうして存在しているのだろうか?」という投げかけがあった。自転車は乗り降りが簡単で、小さく、シンプルで安いが、衝突時も歩行者に対しても危険である。しかし、それは社会の側が了解している。自転車の安全の担保を行政に任せるという構造のもとでは、自転車は存在を許されないだろう。そんなことを指摘した意見だった。

地域社会圏を考えるということは、われわれがどのような場所で、どのように生活したいのかを、具体的に考えることなのだと気づかされた。何ごとも公に任せきりにするのか、身の回りでできることはやるのか。公の施策はどうしても対象者を限定し、生活者をサービスの受け手として固定化し、しかも行政コストを増大させていく。この膠着状態に対して地域社会圏は一つの解法となる。地域社会圏では住人一人ひとりがサービスの担い手にもなるし受け手にもなる。このような組織を構想することが、持続的で豊かな生活環境を考えるきっかけになればいいと思う。

Y-GSAでの地域社会圏インディペンデントスタジオ

地域社会圏経済
Local Community Area Economy

地域社会圏は「一住宅＝一家族」に替わる、新たな住まい方とその運営システムの提案である。その考え方がいかに有効であるかを経済的側面から考える。

まず、いままでの個々の住宅を単位としたエネルギーシステムや維持管理システム、工法と比べて、500人のまとまりである地域社会圏ではイニシャルコスト、ランニングコストを大幅に削減できる。

また、高齢者ケアや育児などの生活サポートと地域内ワークが行なわれることで、政府や自治体による社会保障やコミュニティ形成事業の負担を軽減できる。更に、生活サポートやコミュニティ施設を集約することで、現行では各事業に分配されていた行政からの補助金を地域社会圏にまとめて給付でき、効率的な運用が可能になる。

地域社会圏を一つの事業として試算すると、行政から、総事業費の約3割の補助金を受けることで十分に建設可能になる。さきに述べた補助金の集約や、地域社会圏が担う公益性を考慮すると、この事業に対する補助金には根拠がある。経済の観点からみても、地域社会圏は有効で実現可能な実践的モデルであることが分かる。

——佐伯亮太

地域社会圏の経済的メリット

→人がたくさん住める

→共益費、管理費の削減

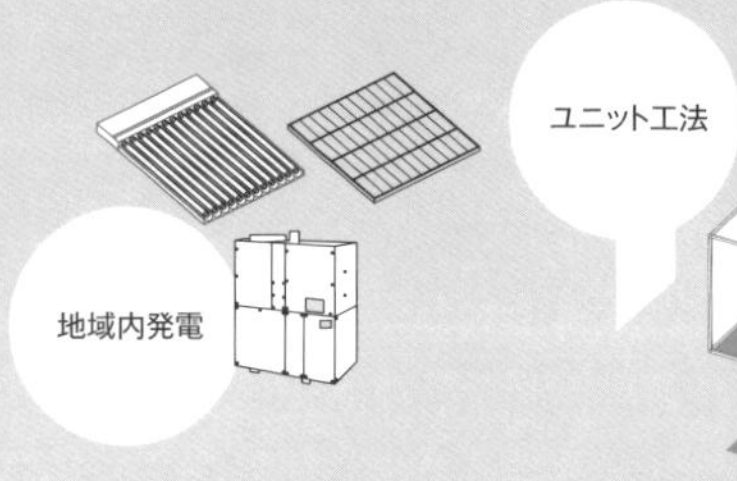

→光熱費の削減

→工事費の削減

家計簿で比較してみる

地域社会圏に住むと経済的にどれだけ有利なのか、1ヶ月の家計簿で比較する。専有部が小さくなることで、家賃が減額される。また効果的な規模でエネルギーをシェアするため水光熱費の減額が期待できる。またレンタルキッチンでは食材を一食分から安く購入できるため、自炊がしやすい環境となり、食費を低く抑えることができる。その結果、レンタルキッチン代のようにこれまでになかった支出はあるものの、支出の合計は減額できることがわかった。

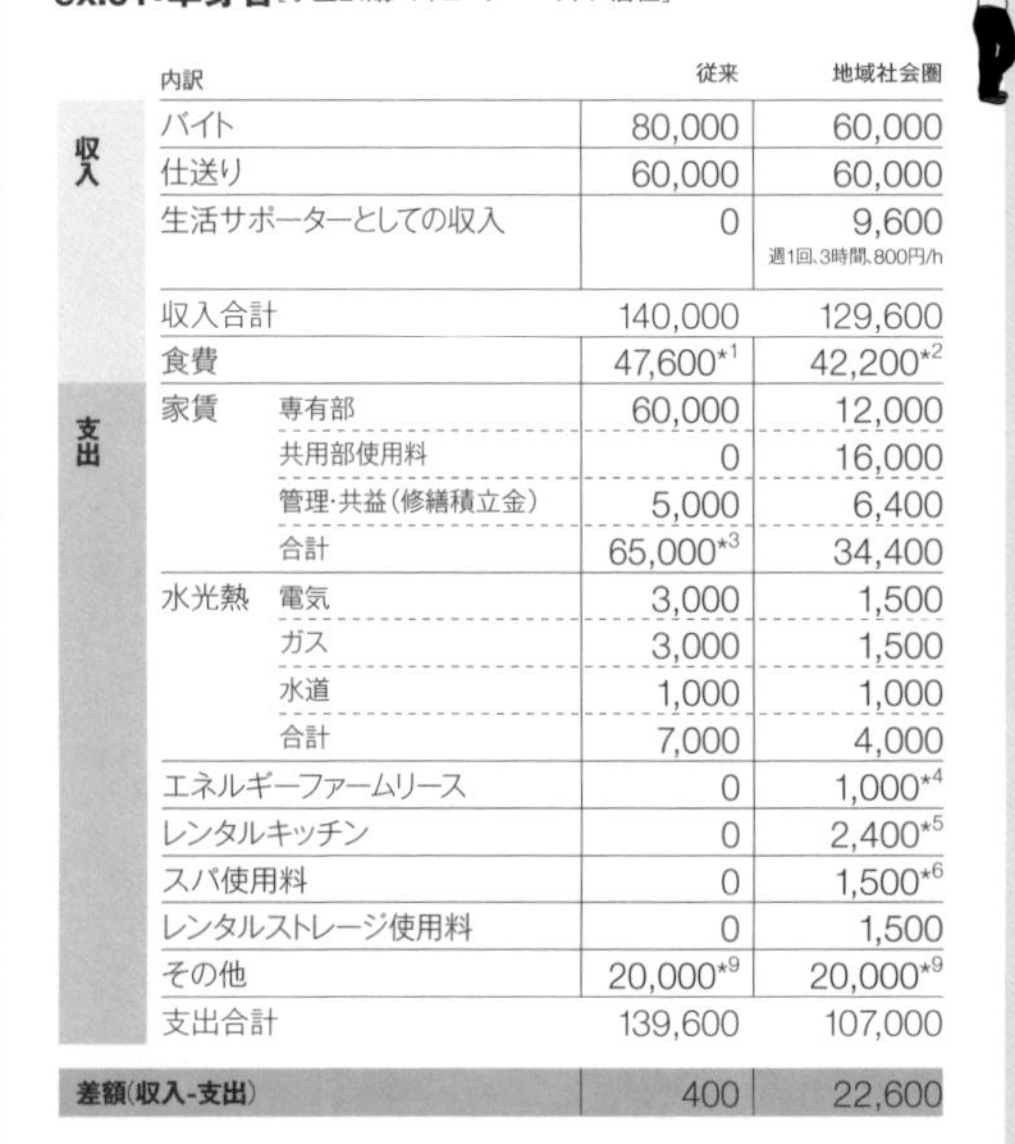

ex.01：単身者［学生21歳／1キューブユニットに居住］

	内訳		従来	地域社会圏
収入	バイト		80,000	60,000
	仕送り		60,000	60,000
	生活サポーターとしての収入		0	9,600 週1回、3時間、800円/h
	収入合計		140,000	129,600
支出	食費		47,600*1	42,200*2
	家賃	専有部	60,000	12,000
		共用部使用料	0	16,000
		管理・共益（修繕積立金）	5,000	6,400
		合計	65,000*3	34,400
	水光熱	電気	3,000	1,500
		ガス	3,000	1,500
		水道	1,000	1,000
		合計	7,000	4,000
	エネルギーファームリース		0	1,000*4
	レンタルキッチン		0	2,400*5
	スパ使用料		0	1,500*6
	レンタルストレージ使用料		0	1,500
	その他		20,000*9	20,000*9
	支出合計		139,600	107,000
差額（収入-支出）			400	22,600

ex.02：核家族
［父35歳 就労者／母32歳 勤労者／息子10歳／5キューブユニットに居住］

	内訳		従来	地域社会圏
収入	勤め先収入		516,000	516,000
	生活サポーターとしての収入		0	9,600 週1回、3時間、800円/h
	収入合計		516,000	525,600
支出	食費		72,000*7	67,000*8
	家賃	専有部	170,000*3	60,000
		共用部使用料	0	16,000
		管理・共益（修繕積立金）	10,000	32,000
		合計	180,000*3	108,000
	水光熱	電気	9,500	4,800
		ガス	7,600	3,800
		水道	1,900	1,900
		合計	19,000	10,500
	エネルギーファームリース		0	3,000*4
	レンタルキッチン		0	3,000*5
	スパ使用料		0	4,500*6
	レンタルストレージ使用料		0	4,500
	その他		85,000*9	85,000*9
	支出合計		356,000	285,500
差額（収入-支出）			160,000	240,100

*1：外食7割（500円）と自炊3割（300円）＋交際費 | *2：外食4割（500円）と自炊6割（300円）＋交際費 | *3：鶴見駅周辺相場に基づく | *4：1,000円／人 | *5：夕食はレンタルキッチンとして。使用料1回100円
*6：月の半分使用。使用料1回100円 | *7：自炊（700円）＋週2回外食（2,000円） | *8：自炊（700円）＋週1回外食（2,000円） | *9：教養娯楽費、諸雑費等
出典：学生／独自調査・核家族／総務省統計局H16 家計調査年報

郊外高密モデルでの事業試算

実際に地域社会圏/郊外高密モデルを建設する事を想定し、1/3規模での事業を試算した結果、
自治体からの補助金を総事業費の25%-30%(9.7億円)受れば、自己資金なしでも建設が可能だということがわかった。

事業規模

居住人口	500人
延床面積	14,000m²
住居	5,600m²
テナント	2,500m²
共用部	5,900m²

事業計画
土地:
50年の定期借地権

事業費	36.3億円/年 (工事費27.6億円)
自己資金	0億円
自治体からの補助金	9.7億円
借入金(30年:利率3%)	26.6億円

事業収益

経常収入	4.1億円/年
住宅	2.85億円(空室率:10%)
-30m³ユニット	52,800円
-15m³ユニット	34,400円
テナント	1.25億円
-1F	11,000円/坪
-2,3F	10,000円/坪

50年間の利益

事業者の利益	29.2億円

30年目で借入金を返済

市の収入	19.2億円
公租公課(建物)	10.1億円
定期借地代	9.1億円

地域社会圏の公益性(自治体への影響)

効率的な公共事業の実施

地域社会圏では相互扶助を積極的に行なうコミュニティが形成され、住居と生活コンビニ、広場などが一体となって提供されているため福祉(高齢者介護、子育て支援など)をはじめとしたさまざまな公共サービスを効率的に提供する。特に、現状では細分化されている公共事業を統合することで、より効率的に実施することができると考える。

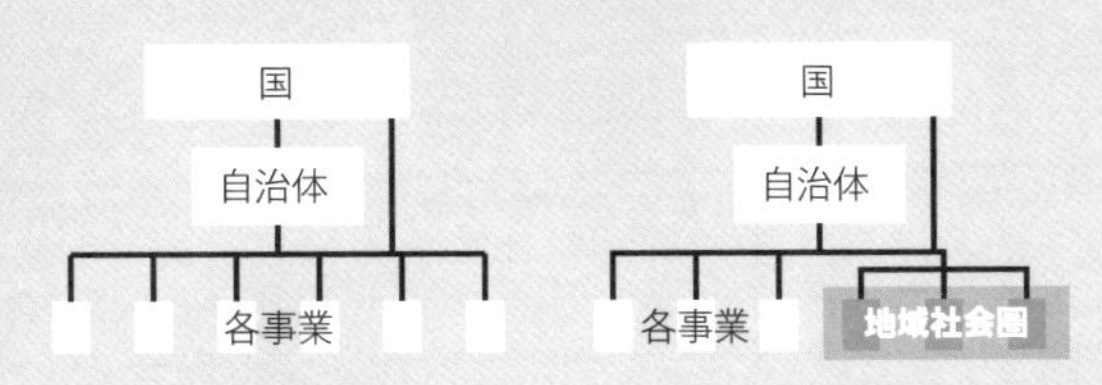

新たな公共サービスの提供

地域社会圏ではコミュニティによる「見守り」機能の強化、単身者に対するケア、老老介護への対処など既存の公共事業では十分に対応しきれていないサービスを提供することができる。地域社会圏はこうした公共サービスを「新しい公共の担い手」として提供することにより政府や地方自治体の財政支出の抑制に寄与する。

地域社会圏に適応可能な補助金

	名目	対象	金額	地域社会圏での該当場所	事例
ハード事業	高齢者等居住安定化推進事業(国土交通省)	サービス付き高齢者向け住宅	新築 1/10 上限:住宅100万/施設:1,000万	居住部分 ファシリティ	高齢者専用賃貸住宅
	都市公園事業費補助(国土交通省)	広場、休憩所、管理事務所、苗畑、遊具、その他多数	国:1/3 自治体:2/3	丘、広場	住区基幹公園都市緑地
	コミュニティーセンター助成事業(神奈川県)	集会施設の建設整備	経費の3/5以内 上限:1,500万	生活コンビニ	地区集会所
ソフト事業	地域子育て創生事業	小学校就学前3年間の第二子以降の子	3.6万円/人	生活コンビニでの子育て支援	

*今回のシュミレーションはある想定のもとに条件を設定したうえで実施しており、実際の事業化に際しては詳細検証が必要である。
また、プロジェクトに関する企画・コンサルタント費、不動産取得に係る登記費用・不動産取得税等、一部の費用は含まれていない。

経済学から見た地域社会圏

Local Community Areas from the viewpoint of Economics

松行輝昌
Terumasa Matsuyuki

制度設計としての地域社会圏

経済学にはメカニズム・デザインと呼ばれる制度設計を研究する分野がある。これは社会において或る特定の目的を達成するためにふさわしい仕組みあるいは制度について研究するものである。近年研究成果が蓄積され、特にオークションや交渉、マッチングなどの分野では実社会で理論が適用され多くの成果を挙げている。経済学ではメカニズム・デザインをはじめとして望ましい社会を達成するための制度設計は重要な研究トピックである。

我が国では少子高齢化をはじめとした急激な社会構造の変化により、さまざまな社会的な制度が十分に機能しなくなってきている。福祉、財政、エネルギーなど私達は多くの分野で深刻な社会的課題を数多く抱えている。地域社会圏は私達が対面するこのような社会的課題を解決するための制度設計であると解釈することができる。地域社会圏は大規模な集合住宅を中心とした（家族に代わる）社会の中間体を形成することによりさまざまな社会的課題の解決を図る仕組みであり、制度設計の例としては非常に特徴的である。建築物や空間のデザインにより社会的課題の解決を試みるという発想は社会科学者、特に経済学者の間では未だ一般的ではない。これは空間のデザインと人々の行動や意思決定の間の関係が経済学では十分に検討されていないためであると考えられるが、地域社会圏が実際に社会的課題の解決に有効であるならばその重要性が認識され、今後「建築と経済学」または「デザインと経済学」といった新しい学際分野の研究が進むことになろう。

公共財・コモンズとしての地域社会圏と場所性

地域社会圏では相互扶助が促され、高齢者介護や子育て支援をはじめとしたさまざまな公共サービスが提供される。また、安価な住宅が提供され、広場などの公共的なスペースが提供されている。このように地域社会圏は公共財の集合であるという側面を持つ。また、地域社会圏はコモンズでもある。たとえば住民に愛される街並みや美しい景観など地域社会圏では地域住民などにより共有される資源が多くある。一般にこうした共有資源を適切に管理、運営するためには外部性の問題を克服する必要がある。たとえば、美しい景観を保つためには定期的に掃除をしなければならないとする。掃除には時間や労力などのコストがかかるが、掃除を行なうことによって保たれる美しい景観は掃除をする、しないに関わらず地域社会圏の利用者全員に享受される。このような外部性のある状況ではただ乗り(free-riding)の問題が発生し、他の人が掃除をするのに任せ、自分は掃除をさぼるインセンティブが生じる。地域社会圏ではこうしたただ乗りの問題を解決し、適切に掃除を行ない美しい景観を保つためのさまざまな仕組みがあるが、ここでは特に場所性について議論したい。

現代の多くの建築物はある特定の目的のために建てられ、その内部と外部には明確な境界が設定されている。こうした建築物はそれが建てられている土地との関係が薄くなり、その結果、建築物自体が土地と切り離され消費や投資の対象ともなりやすくなる。これに対して、本書で提案されている地域社会圏では共有部が広い大規模な集合住宅がパブリック(公的部分)とプライベート(私有部分)を滑らかに接続し、両者の境界が曖昧になっている。ここでは建築物が周囲の環境と相互浸透を起こし有機的な関係を築き、その地域にしかない空間や生活、すなわち場所性が創り出されている。先ほどの例で言うと、地域社会圏の住民は単に美しい景観を楽しむだけではなく、その場所に愛着を感じ、思い出をたくし、歴史を刻んでいる。人々はそうした特別な場所を失わないために掃除を積極的に行なうインセンティブを持ち、ただ乗りの問題は緩和されるだろう。このように地域社会圏は場所性を創出することにより人々のインセンティブを調整し、外部性の問題に対処する仕組みであるが、外部性の問題を建築物の設計によって解決するということ自体が経済学の研究者にとっては新鮮である。

また、コモンズを管理するためには利用者を制限することが一般的であるが、地域社会圏では不特定多数の人々が地域社会圏という共有資源のメリットを享受することができる。地域社会圏の管理、運営に関してはより詳細な検討が必要であるが、不特定多数の人々が利用できるコモンズの新しい提案として大変興味深い。

二〇一二年二月二八日、Y-GSAで行なわれた地域社会圏プロジェクト会議

組み替え、再構築の装置としての地域社会圏

本書で提案されている地域内ワークは市場とコミュニティを融合させたものである。旧来はコミュニティ内で無償で提供されていたようなサービスやスキルを(市場価格より低い)対価を伴う取引に組み替えている。これによりいままでは活用されることがなかったちょっとしたスキルや知識、経験を掘り起こし経済的価値を賦与している。

地域社会圏は集合住宅を中心とした自律的な中間組織内で相互扶助を媒介にして、既存の仕組みを再構築し、これまでにない新しい仕組みをつくり出している。地域内ワークだけでなく、たとえば生活コンビニは高齢者介護、子育て支援、障害者支援といった従来横のつながりが希薄であった福祉サービスを融合させ新たな価値を創出するものである。また、集合住宅はパブリックとプライベートを滑らかに接続しこれまでにない公共空間を創り出している。

私達は直面する社会的課題に対処するために新しい仕組みを基礎から築くだけではなく、既存の仕組みをうまく利用することも重要である。地域社会圏の、既存の仕組みを組み替え、再構築し、速やかに社会的課題に対応する装置としての可能性は魅力的である。

地域社会圏により生み出される価値と公益性

地域社会圏では地域内ワークと呼ばれる独自の経済が発達し、自分の持つスキルを元に仕事をすることが可能である。一般に仕事をするには企業や役所などの組織に属す、または事業を起こす資本を準備したり、特殊なスキルを身につける必要があるが、ここでは自分の持つちょっとしたスキルを仕事にすることができる。こうした経済が生まれることにより、従来は活用されることがなかったスキルに経済的価値が賦与されることになる。また、地域社会圏に住む人々はサービスの受け手としてだけでなくサービスの担い手としての役割を持ち、社会の中で多様な役割を持つことになる。

地域社会圏では相互扶助を積極的に行なうコミュニティが形成され、福祉(高齢者介護、子育て支援、障害者支援)をはじめさまざまなサービスを受けることができる。近年、我が国の多くの自治体ではコミュニティの力を利用した福祉政策が取られている。たとえば、横浜市をはじめとした自治体ではコミュニティによる子育て支援を促進する政策を進めている。地域社会圏ではこのようなコミュニティによる福祉の提供を効率的に行なうことが可能である。また、それ以外にもコミュニティによる高齢者の見守りなど現時点では必ずしも十分に手が行き届いていない課題についても対応することができる。こうした地域社会圏による公共サービスの提供は地域内に広く行き渡るものであり高い公益性を備えていると考えられる。さらに、今回の地域社会圏は単身者を中心とした集合住宅を核とした提案であり、単身者の急増や老老介護といった我が国が抱える深刻な社会的課題に対応しうるものである。

「地域社会圏化」=「脱専用住宅化」

Turning Somewhere into A Local Community Area = Departure from An Exclusive Residential District

「地域社会圏」は新しい建築をゼロからつくらなくてはその思想が実現しない、というわけではない。既存の住宅街、住宅団地をほんの少し改築、改造するだけで、その単なる住宅地を「地域社会圏」のように変換することができる。住宅地の「地域社会圏化」である。

20世紀の都市計画はゾーニングであった。住居地域、工業地域、商業地域というように、用途によって都市をゾーニングするのである。もともと20世紀初めにヨーロッパの重工業時代につくられた理論である。工場地帯の煤煙や商業地域の風俗から隔離して、できるだけ環境の良いところに住宅をつくろうという思想である。戦後の日本もそれに倣った。駅前には商業施設、郊外地域を住居専用地区にするという町がつくられていったわけである。でも、そうした「専用住宅だけでできあがっている街区」という、20世紀に固有の町の形態が、いま、さまざまな弊害を生んでいる。専用住宅は標準家族を前提としてつくられている。「1住宅=1家族」である。その主たる役割は子育てであった。そして、そのためのプライバシーの確保であった。最大の問題はこうしたプライバシーだけを大切にする住宅群では地域コミュニティをつくることが極めて難しいということである。そして、すでに何度も述べているように、少子化、高齢化は問題をさらに難しくしている。こうした「1住宅=1家族」という住宅のつくり方がもはやその役割を終えているのである。

住居専用地区というゾーニングの考え方、そして、そこにつくられる家族専用住宅という考え方が破綻しているのである。既存の住宅地の「地域社会圏化」とはつまり「脱専用住宅化」である。20世紀初頭とは商工業の形態はまったく変わってしまっている。住居地域、工業地域、商業地域というゾーニングを超えて、脱専用住宅群をつくる。それが専用住宅群を「地域社会圏化」するための基本的な考え方である。

脱専用住宅とは何か。単に家族のプライバシーを守るため、あるいは子育てのための住宅ではなくて、そこで仕事をし、商品をつくり、販売する。つまり「見世」を持っているような住宅にするわけである。そうした「見世」の集まりが地域社会をつくる。専用住宅ではなく「見世」が「地域社会圏」をつくるのである。住宅団地、ニュータウン、公営住宅、木造密集住宅地、それを「地域社会圏化」する。それはつまり、家族専用住宅を「見世」を持つ住宅につくり替えることである。

［山本理顕］

CASE STUDY

木造密集住宅地の地域社会圏化

Turning A High Density Wood Structure Zone into A Local Community Area

お茶汲み屋
10

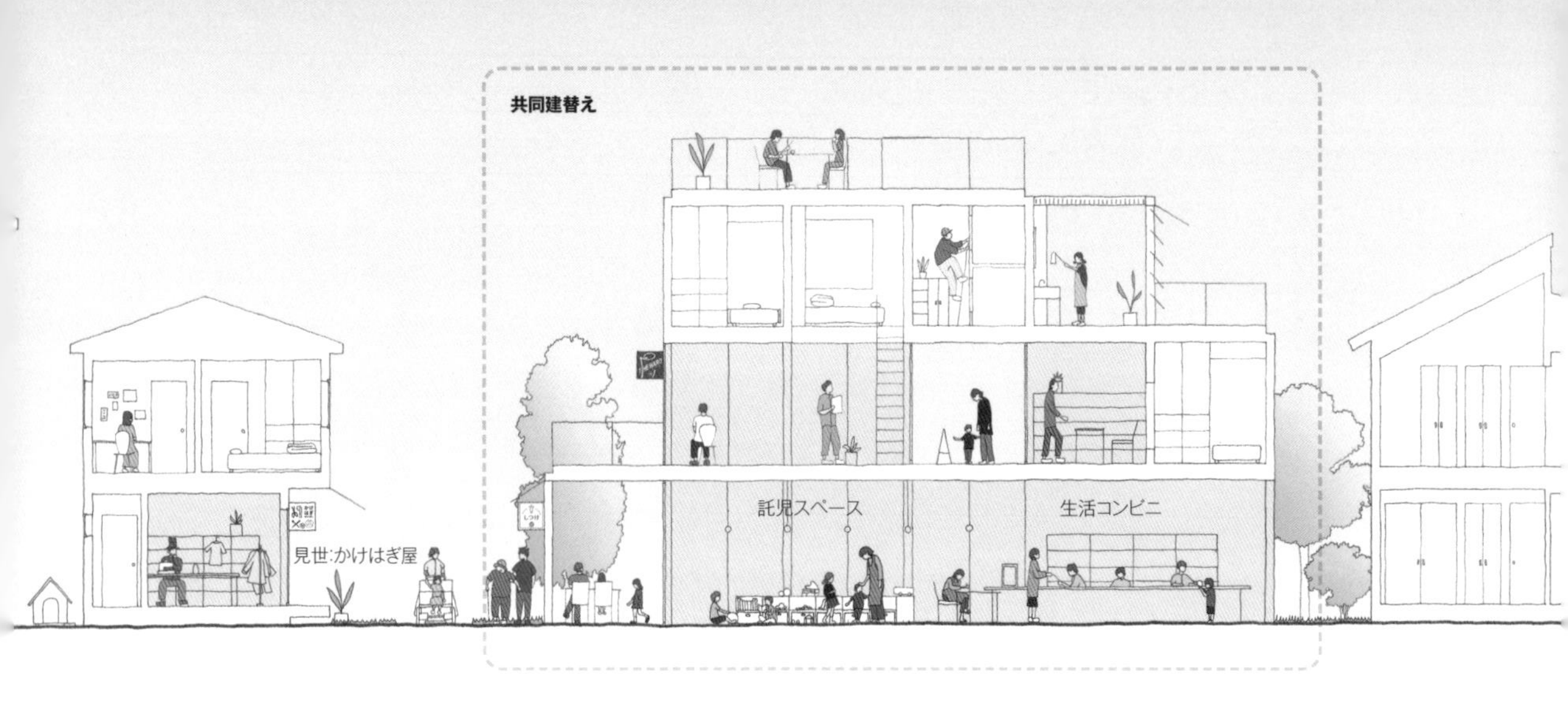

地域社会圏化のプロセス

2 | 路地を緑道にする。老朽化した空き家を解体し、小広場にする

1 | 2項道路に接道する既存不適格建築

2 | ブロック塀を取り除き、歩行者のための路地として整備する。消火水槽の設置

1 | 既存の2項道路

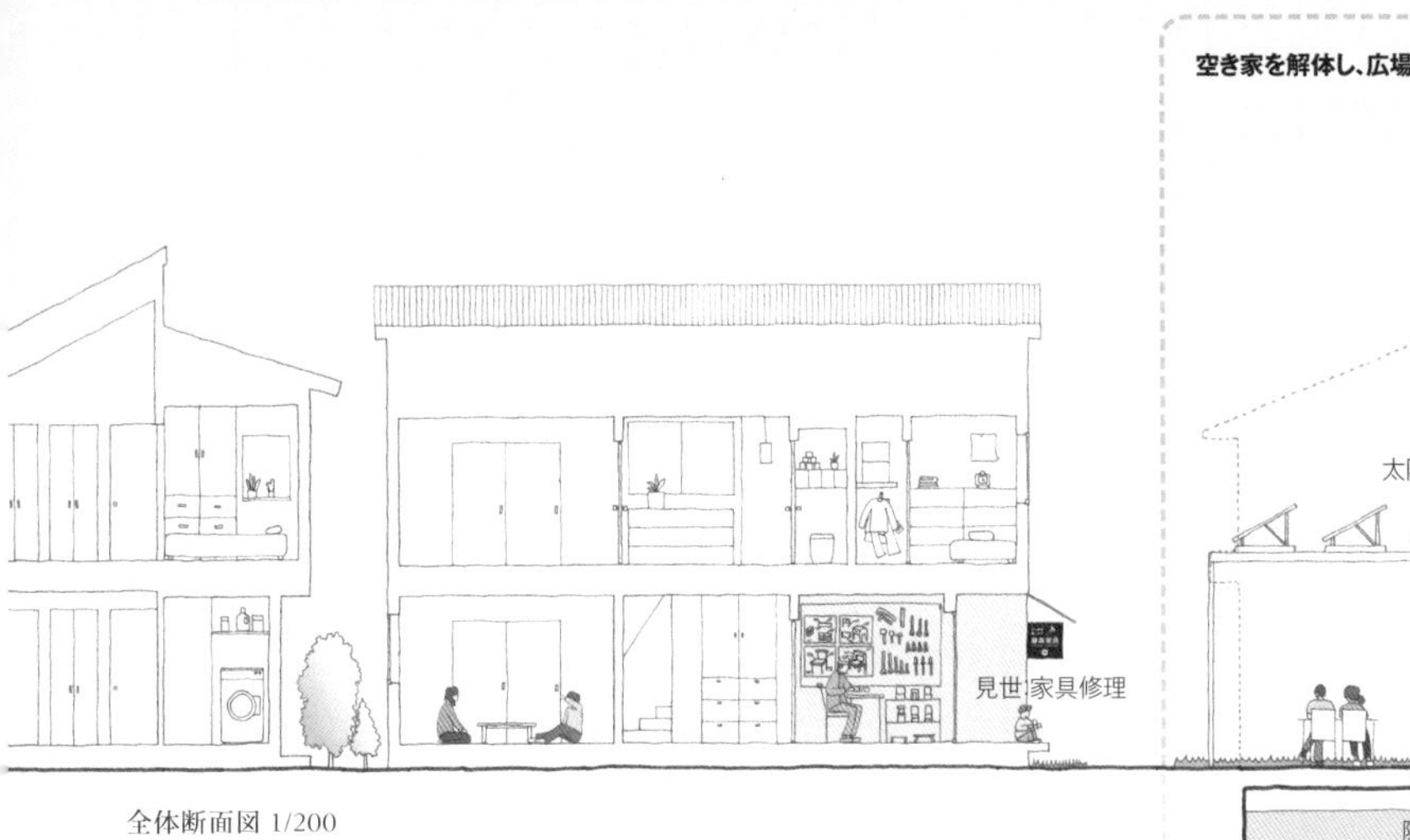

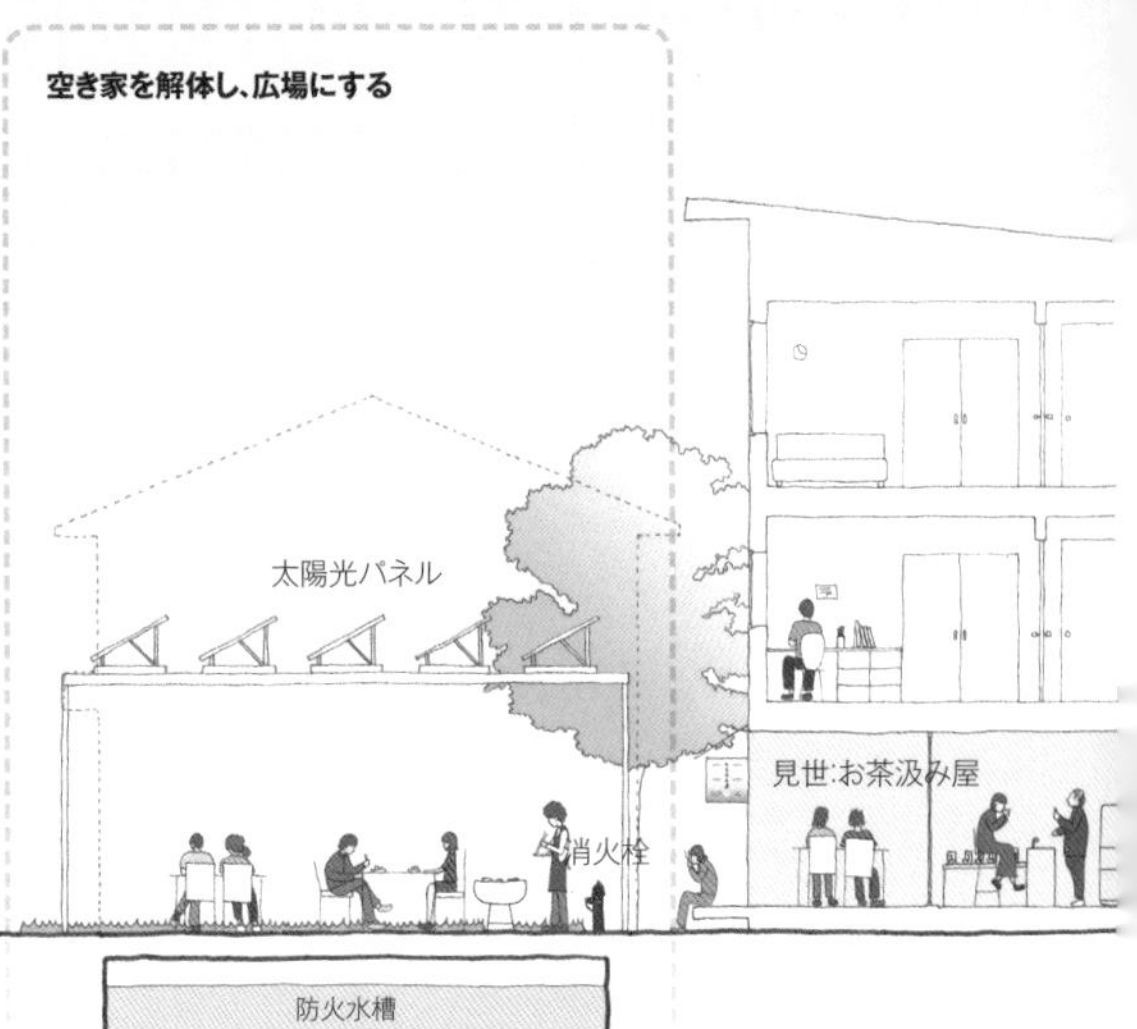

全体断面図 1/200

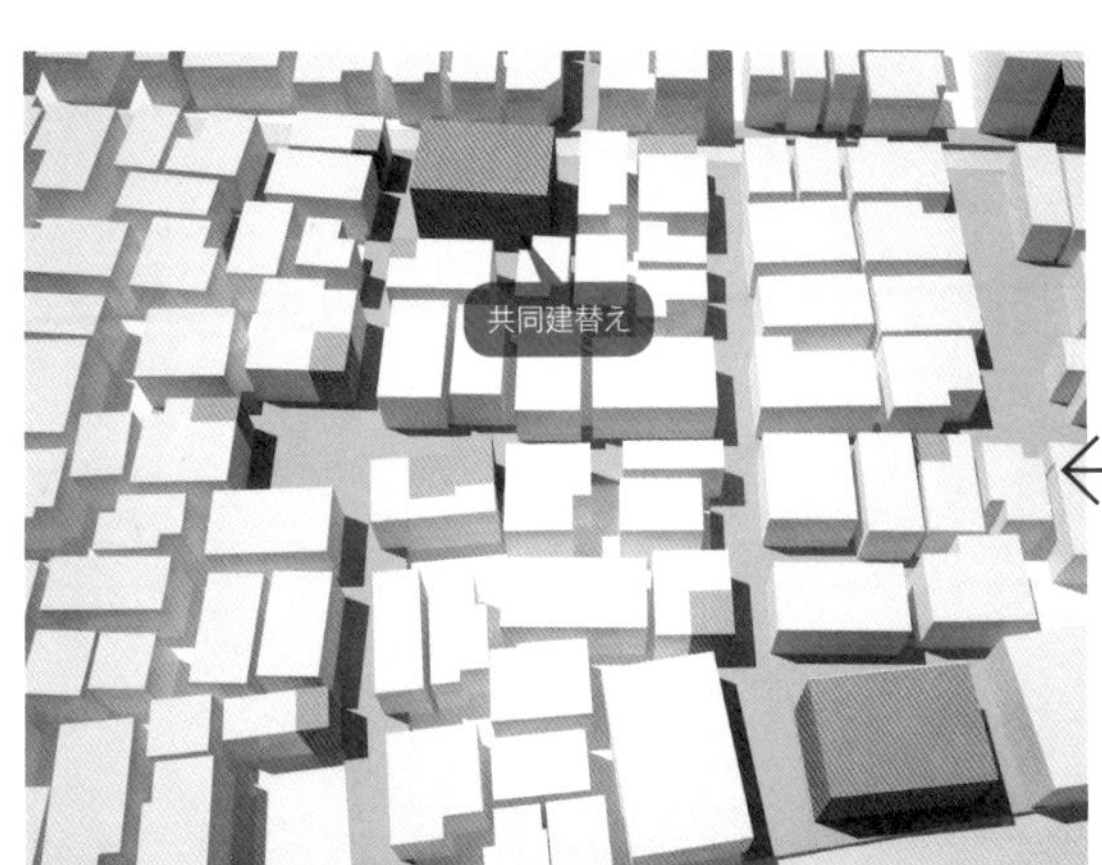

4 | 共同建替え。生活コンビニをつくる

見世

3 | 緑道に面した建築の一部を「見世」にする

4 | 玄関部分を「見世」にする

3 | 玄関を透明ガラスにする。縁側を設置する

木造密集住宅地の「地域社会圏化」

―

建築基準法は、すべての宅地は幅4メートル(特定行政庁が指定した場合には6メートル)以上の道路に接道されていなくてはならない、と定めている。4メートル以上の公道に接していなくては建築を建ててはいけない、という法律である。ところが戦前の法律では最低幅9尺(約2.7メートル)と定められていたために、市街地には未だに4メートル未満の道路に接道している宅地がたくさんある。その道路は「建築基準法第42条第2項」によって、応急処置として、一応道路と認められている。それを「2項道路(見なし道路)」というが、そうした2項道路に面してすでにつくられてしまっている建築は「既存不適格」と呼ばれて、まあとりあえずしかたないかなあという状態なのである。それがいまの木造密集住宅地の問題である。いまのままでは震災のような大災害時に、そこが壊滅的な被害を受けることが分かっているからである。その木造建築を耐火建築に建て替える。2項道路を4メートル幅の道路に付け替える。それがいま、都市行政にとっては大きな課題なのである。民間ディベロッパーの参加によって、マンションのような耐火建築に建て替える。何人かが集まって共同建て替えするのも一つの方法である。でも土地の所有権、借地権が複雑に絡み合って、地上げや共同建て替えも簡単ではない。それ以上に、こうした場所は住民が長い時間住み続けてきた場所なのである。狭い路地に車が入ってこないということもあって、昔からの豊かなコミュニティがいまでも健在なのである。お互いが顔見知りで、近くに小さな商店街があるこうした木造密集地は、むしろ生活空間としては、戦後に開発されたニュータウンよりも遙かに充実しているといってもいい。すべてを耐火建築にして、4メートル道路に拡幅するという方法は、防災、防火と引き替えに既存の町の生活空間を根本的に変えるということである。それはいまの地域社会を壊すことを意味している。4メートルという道幅は、緊急自動車が進入できるということで決められた寸法なのである。4メートルに拡幅されれば一般の車両も入ってくる。ここでの生活のためにどのような生活道路が必要か、どのような住宅のつくられ方が求められるのか、防災と同時にそうしたことこそが考えられるべきなのである。

そこで木造密集住宅地の「地域社会圏化」である。「地域社会圏化」は実は防災にも極めて有効なのである。元横浜国立大学教授・防災都市計画研究所の村上處直さんから直接伺ったのだが、防災にとって最も重要なのは水の確保である。木造密集地の適当なポイントに屋外消火栓を配置しておくだけでも有効な防災対策になる。さらにそこの地域コミュニティが充実していれば、地域防災が可能である。木造家屋に水をかけて火の粉を防ぐことが重要だと村上さんは言う。(p.80-81参照)耐火建築、道路の拡幅というハードウェアだけの問題にしてしまうことこそが問題なのである。「地域社会圏」的防災である。耐火・耐震は極めて重要だが、同時にその「地域社会圏」のコミュニティはさらに重要なのである。

木造密集住宅地を「地域社会圏化」する。必ずしも2項道路をすべて拡幅しない。できるところからやって行く。「脱専用住宅化」が重要である。もともと、こうした路地に面した住宅には、かつては職人が住んでいた。その中には仕立屋とか印判師とか自分の家で仕事をしていた職人たちがいた。それを居職(いじょく)という。住宅は単なる居住専用ではなかったのである。さまざまな商売をこの木密住宅街で展開できるようにする。「見世」は現代版居職である。そのためには2項道路を拡幅するのではなくて誰でも安心して歩きやすいような路地として整備する。その整備された路地に「見世」が面しているような町並みである。さらに全体との関係を見ながら空き家になってしまった住宅を解体して小広場にする。ときには空き家を改造して生活コンビニにする。何人程度の「地域社会圏」を想定するかは、その場所の特性によって違うと思う。でも、こうしてその場所を単に住居専用ではなくて、「見世」のような小さくても経済が成り立つ仕組みとともに考えることで、コミュニティという考え方が劇的に変わる。その場所に外からの人が訪れる、そういう町並みをつくることで、そこに住むという意識が劇的に変わると思うのである。

―

山本理顕

全体配置図 1/200

コンクリートブロック撤去｜解体、処分、人工費	7,600円/m
緑化ブロック(芝生)｜緑化ブロック、下地、芝貼り	13,500円/m
消火栓(地下式)｜本体費用、労務費	42,800円/台
消火栓(地上式)｜本体費用、労務費	90,700円/台
植栽工事｜ハナミズキ 樹高2.5m	27,000円/本
透水性脱色アスファルト｜既設撤去、材料、人工費	8,900円/m²
緑台｜ウリン材 材料、人工費	23,200円/m²
雨水タンク｜容量200ℓ	52,500円/台

Interview

計画者の視点から防災を考える——村上處直

Thinking about Urban Safety Environments from the viewpoint of Urban Planning & Design | Suminao Murakami

聞き手——山本理顕

山本——村上處直さんは、東京大学都市工学科都市防災研究室（高山英華）の最初の大学院生で現在でも日本の防災研究の第一人者です。

村上——高山先生からは「技術者としてではなく、計画者として防災を考えよ」と指導されました。計画的に防災を考えることは人間を含めて考えるということです。しかしいまでもハードウエアにはお金が使われるけれど、本当に重要な人間教育には予算がつきません。

山本——地域社会圏はエネルギーや介護・育児、仕事、防災などとともに住宅をつくる試みです。既存の木造密集住宅地をリノベーションして地域社会圏化することを提案したいと考えています。

東京都は木造住宅密集地の2項道路を4メートル幅に拡幅し、住宅の不燃化を進めようとしていますが、こういったハードウエアの整備だけで地震や火災に対して強い街をつくることができるのか、疑問を感じています。2項道路のような路地に面した住宅群は生活環境としては必ずしも悪い環境ではないと思うのです。既存の住宅を残しながら、路地を修景し、小さな広場をつくる。そして専用住宅だけではなくて、路地に面して一部をお店のようにすることができれば、それだけでも木造密集地は決定的に変わります。それがさらに防災に役立つためにはどうしたら良いのでしょうか。

村上——消防車が通れるように4メートル道路にするということですよね。しかし消防車が通れなくてもホースが素早くひける仕掛けをつくることはできます。

以前、京島と成城の火事による危険度調査をしたことがあります。数字だけを見ていくと、京島の危険度の方が圧倒的に高いことになるけれど、私の調査では成城の方が危険性が高い、という結果が出ました。京島には家と家の間に塀がなく猫道と呼ばれるような細い道があり、消防ホースを通すことができますが、成城は塀をめぐらせていて閉鎖的な場所が多いため、都市大火の場合火災の発見が遅くなり、消火にも手間取るので火が広がる可能性が高いのです。

また建物火災でどのように人が死ぬのかということを皆さんはご存知ないと思いますが、それほど燃えなくても有毒ガスによって亡くなるのです。たとえばカーテンは難燃処理をすると、難燃だが、燃えると有毒ガスがでるので問題です。有毒ガスの発生を抑えること、小さな火のうちに消火すること、家のなかに火が入ってこないようにすることが大切です。70年代にアメリカでは火事による死者を21世紀までに半減化しようというプロジェクトがありました。まずはそれぞれの地方で売られている、家具やカーテン、絨毯など内装材料の燃焼テストをしたら、いろいろな有毒ガスが発生することがわかりました。そこでスプリンクラーをいたるところにつけ、火災を大きくしない対策を選択しました。これで本当に死者が半減したのです。

山本――近くに水があることが大切だと伺いました。

村上――あちこちに扱いやすい水があることが大切です。一九〇六年のサンフランシスコ地震後につくられた地震対策用特別消火栓は良い例です。また阪神大震災の神戸でも、戦争中の防火用水を使って消失を免れた住宅がありました。火事の規模にもよりますが、人がいて、少しの水を効果的に使えば火が拡大するのを防ぐことができるのです。

山本――貯水槽や消火栓の設置は効果があるんですね。

村上――一九六八年の十勝沖地震当時、ほとんどの防火貯水槽が地震で水漏れをおこしたので、現在では耐震のものになっています。また東京では新しく建てるビルの地下には消防が利用できる貯水槽をつくることが義務づけられています。

既存の街区には、蛇が卵を飲んだみたいに水道管の途中で水が溜まる場所をつくるといいですね。さらに住民が利用できる防火水槽や消火水利をあちこちに埋める。これがあるとずいぶん違います。

山本――その水利を役立てるためには日常的なコミュニティが必要ですよね。

村上――都市の隙間を人間のため、システム的につくるべきです。アルジェリアのエルアスナム市は、一九五四年の地震のあとにル・コルビュジエの弟子、ジャン・ボッシュが計画した街ですが、広場や公園などのオープンスペースが多く配置され、住宅地にも広場があります。そのため一九八〇年の大地震が起ったあとも、そのスペースを利用し、自宅近くにテントを張ることができた。お陰でコミュニティが崩れず、人々は落ち着いて行動することができるわけです。

防災は人と人、人と物、物と物との関係論です。また防災を都市的な視点から考えることは大変重要だと思います。

山本――「地域社会圏化」とは正にそういうことだと思います。都市の防災について考えるということは単なる物理的な防災性能の問題ではなくて、そのまま日常のコミュニティを豊かにすることにつながるのだと思います。防災ということをそのように考えることが大切だと思います。

［二〇一三年六月六日、防災都市計画研究所で収録］

村上處直
一九三五年愛知県生まれ。都市計画家。
一九六五年東京大学大学院修了。
一九七〇年防災都市計画研究所設立。
横浜国立大学教授、早稲田大学客員教授を経て、
現在は、防災都市計画研究所会長。

第2章

地域社会圏リフレクション

Chapter ——— 2

Reflection on Local Community Areas

対談
a dialogue

住まいがつくる、その場所固有の経済活動

Economic Activities Inherent to the Location Affected by the Type of Housing

金子勝
Masaru Kaneko
×
山本理顕
Riken Yamamoto

日本の壊れ方／所得階層による分断

金子勝——山本さんがおっしゃるように、日本の標準家庭が壊れたというのは確かです。ただ、一様に壊れたのではない。僕はハウジングクラスに注目する必要があると思っています。住んでいるエリアやマンションのタイプによって、所得階層のクラス分けがはっきりできていて、それが値段にも結びついています。いま重要なのはセキュリティです。所得格差があり、物騒な世の中でもあるので、一定の所得がある人は安全や安心を買う。また子どもの教育や環境の問題も大きい。六義園や井の頭公園を借景に、環境も付加価値にして高級マンションや住宅が建っています。渋谷区松濤、麻布、本駒込などのお屋敷町は贅沢な平屋でしたが、最近では二子玉川の高層マンションにまで新しいお金持ちの街が広がっています。

……

山本理顕——セキュリティとプライバシーがより厳しく管理されているほど、高級な住まいだと思われています。所得の高い人ほどそうした住宅が集まった場所に住むというのは、住宅供給を民間に委ねる限り半ば必然だと思います。

……

金子——標準家族の崩壊と同時に所得階層による分断が起こっています。お金持ちのためのエリアがある一方で、「ゲットー」のようになってしまう公営住宅があるわけです。たとえば、足立区北部の小中学校に就学援助を受けている児童が多いというように、明確に地域が分かれてきています。また深刻なのは都心から離れた横須賀、春日部、飯能、千葉などで人口衰退と高齢化が急速に進んでいることです。横須賀の人口はここ10年で1万人以上減っています[1]。またバブルの爪痕もあります。飯能では駅からバスで10分の高台の造成地で、以前は5千万から8千万円くらいで販売されていた高級住宅地が高齢化で歯抜けになっている。これは多摩ニュータウンのような団地の崩壊とは違う状況です。ファミリーという存在が消えたために、戸建で広いけれど、駅から離れた場所にある住宅の需要が減少している。一定の所得水準を持って郊外でファミリーを演じていた標準家庭が、子供が出ていき、親が高齢化して片方が亡くなったりすると、そういう戸建はほとんど売られてしまう。それに連動して街の中心部の地元百貨店やスーパーが潰れるという現象が進んでいます。たとえば最近では、横須賀の名門デパートさいか屋大通り店が閉店になりました。

そして単身化にともない職場の鉄道沿線の駅に近い場所のマンションが売れている。一戸一戸は単身者向けでそれほど広くなく、1階ないしは地下にコンビニがあり、深夜に帰ってきても、買い物ができて外へあまり出なくていい。職場まで短距離で通えるというマンションにみな回帰している。そう

1——横須賀市の人口
人口総数：429,770（2001年9月）→416,375（2011年9月）
世帯数：158,798（2001年9月）→164,746（2011年9月）
（出典：横須賀市推計人口データ http://www.city.yokosuka.kanagawa.jp/0210/data/toukei/suikei/1999/now.html）

すると住人の消費に面的な広がりがないため、地元の商店街は潰れていきます。マンションも駅に近くてサイズが小さいもの以外は売れないので、かなり安く賃貸に出るケースも多いです。標準家庭が壊れたというのはその通りですが、首都近郊を経済的に見ると、平板に壊れているわけではない。消費の様相が変わってきているのです[2]。

また地方都市の状況も細かく見ていく必要があります。たとえば群馬県の前橋市はガラガラです。前橋には県庁と国立大学があるのに、新幹線は高崎を通っている。若い世代は駅周辺で住宅を買えないので外側に行く。それでいつの間にか前橋と高崎のあいだの畑や田んぼはなくなり、住宅地になる。公共交通が不十分で、住人は車を持っているので、郊外店が発達して商店街がますます潰れていきます。しかし前橋と高崎の中心地域の地権は動かないわけです。土地の所有者は高齢者で、プライドが高いため、高い値段じゃないと貸さない。だからますます空洞化します。おまけに、郊外に立派なビルを建てて役所や公立病院を中心部から移転させておいて、いまさら役所がコンパクトシティにしましょうといっても、説得力がまったくありません。そういう話が多くあります。

ですから大都市と地方の中程度の都市と、二つの崩壊のし方があります。家族は大家族から標準的な核家族に移行しましたが、そのあとにもう一度標準家族が再生産されないときに、そのばらけ方は一様ではない。しかも不況になってから非正社員が増え、正社員は朝から晩まで働かざるをえない人が多い。二〇〇〇年前後以降に生まれたそういう新しい状況のなかで、どうしても生活状況が同じ者が集まって住むという傾向になってきていると思います。

……

山本——多くの人たちが住宅は自分の責任で買うものだと思っているから、買える人と買えない人の格差はますます大きくなっています。また、買える人の中でも周辺環境を選べる人と価格だけで選ばなくてはならない人というように格差が広がっています。

……

金子——そうですね。働き方や所得で、住む場所が明らかに変わってしまう。もう一つ決定的なのは教育環境です。昔から指摘されていることですが、よい小学校、中学校があるところに同じ所得階層が集まりがちです。世田谷なんかはそうです。それでハウジングクラスができて、再生産される。ピエール・ブルデューが「文化資本」という言葉で説明していますが、同じ環境で同じような向上心を持ち、家に帰ったら知的なものに触れ、知的な会話をするような人たちが集まると、子どもはある程度伸びる。するとまたその地域の共通項ができてくる。切磋琢磨しようという雰囲気がないところは学校も荒れるので、一定の所得がある人は絶対に忌避します。ですから街ごとに住人の階層が変わってくるのには、実は教育の果たす役割が大きいと言われています。

もちろんステータスシンボルとして住宅を選ぶ人もいます。セキュリティが付いているところに女の人が住むと、安全で安心なのと同時に自分のクラスの確認ができるわけです。つまり住宅は自分が下層ではないことを確認するためのも

2——詳しくは辻井喬・金子勝の対談「未完の近代と自己愛に沈む日本社会」(「世界」2009年10月号掲載)を参照

のだということです。

山本──実はそれは、住宅の供給システムに相当問題があります。民間ディベロッパーの分譲マンションかハウスメーカーの戸建住宅しか選択肢がない。そういう供給のし方をしているからだと思います。供給サイドは未だに標準家族を前提とした「一住宅＝一家族」モデルを売っている。家族はますます多様化しているのに、その多様化に応じるような商品がない。ファミリータイプかワンルームマンションしかありません。また民間賃貸住宅で安い物件を探そうとするとかなり劣悪な建物になってしまう。民間アパートに住むのは落ちこぼれ派のような状態になってしまっています。そういう状況ですから、供給者側もそこに住む側も新しい住まいのイメージを持つことができないというのが現実です。

金子──そうですね。ハウスメーカーから見れば、商売になる対象は一定の会社に勤めている、一定の所得がある人たちです。そういった所得階層とか常識に縛られているものを超えた価値が住宅に体現されていないと、従来の価値からは逃れられないと思います。そのときにいま新しい価値ってなんだろうといえば、たとえばエコですよね。エネルギーを共同で管理して、なるべく生産することができるといい。

自立とネットワーク

金子──ただ一定の個人の領域は必要で、時には1日中部屋にこもっていたいという人はいるわけです。それは一人一人違っていいます。若い人ほど脆いから、閉じこもっていたいという人は多いと思います。しかしそうすると一人でいたいのだけど一人では生きていけないという渇望が出てくるわけで、そのバランスが必要なのだと思います。

またこの案では一つひとつのユニットに店舗があるというのだけれど、お店という発想は古いと思う。インターネット時代というのは、ネットワークが組めればそれで間に合う。たとえばアルバイトなら、自分の得意分野とスケジュールを登録して、それがニーズと合ったときに、仕事が発生するというのはどうでしょうか。地域通貨にして、自分が働いたときのポイントを貯めて、それをまたそのコミュニティのなかで使うことができる。コンビニで買い物ができるとか、会議室を使うときの使用料が払えるとか、普通のお金をポイントに換えることもできるような、それがたぶんネット時代の地域通貨であるし、交換だと思うわけです。われわれはつい最近までSuicaで買い物をするようになるなんて思っていなかったけれど、どんどん使える範囲が広がっています。Suicaのような電子マネーと地域通貨がくっついたような仕組みができたらいいと思います。

……

山本――この計画の中で「見世」と呼んでいる場所は、いわゆるお店、店舗とは違います。ただ外に開いている場所です。いままでの「一住宅＝一家族」モデルでは住宅は極めて閉鎖的・排他的にできています。だからこそプライバシーやセキュリティを守ることができると考えられてきたのですが、ここではもっと大きな、地域全体との関係で住宅を考えています。地域社会の中に住宅があるのだとしたらそれほど閉鎖的・排他的にならなくてもいい。従来とは違う住宅のつくられ方があると思います。「見世」はお店にもなりますが、アトリエでもいいし、事務所でもいいし、ただおばあちゃんが日向ぼっこしている場所でもリビングルームでもいい。外に開くことができるということが重要だと思っています。

……

金子――再生可能エネルギーを議論するときに、よくエネルギーの地産地消と言われます。しかしそうは言っても再生可能エネルギーは不安定なものです。実際は強力なネットワークが組まれているからこそ自立できる[3]。だから地域社会圏のような関係性をつくるときは、きちんとした管理者がいて、ローカルな視点で便利な仕組みをつくると、共同性が担保できます。ただ、それは本人の自主性を考慮して、常にお店を開いている必要はなく、登録制にしてネット上で管理する。それが本当の意味で生活のなかに組み込まれているITになります。

……

山本――エネルギーはここでつくるエネルギーと外から買うエネルギーとの組み合わせだと思います。500人くらい集まるとここで十分エネルギーを生産できます。金子さんがおっしゃるようにそのためにも全体のネットワークが極めて重要なのだと思います。そのネットワークが一方で「見世」という空間の使われ方、生活のし方とも深く関係すると思います。ネットワークは確かに極めて重要なのですが、同時にどのような空間に住むのか、その建築的な提案がさらに重要だと思います。戦後に2DKのような戦後復興モデルを公団がつくりましたが、当時あれを見て多くの人たちがこういうところに住みたいと思った。だからこれだけの訴求力があったのだと思います。空間の問題は重要です。格好いいな、こんなところに住めたらいいなぁというモデルをいまどうつくるか、それが建築の側に求められているのだと思います。

……

金子――そうですね。人は見てくれから入りますから。

……

山本――エネルギーや介護や保育や交通や経済や、そうした生活インフラと一緒に建築的な提案をしたいと思っています。

……

金子――僕は介護サービスに絞らないほうがいいと思います。地域通貨に近いものがあって、このなかではキャッシュレスで生活できて、ある共同性を確認しながら、それぞれのニーズも満たせるといい。おそらくこれからは社会がそういう自立分散型になっていくと思います。

……

山本――地域通貨は考えにくいと思っていましたが、確かにカードを採用すると地域通貨に対する考え方は一気に変わりますね。ここで働いて得た収入はカードに貯めてそれをこの「地域社会圏」で使うことができる。外側の人が参加してもいい。

……

金子――それがインターネットによって賢くコントロールできる時代になってきました。

……

山本――エネルギーにしても、同じように考えています。太陽光発電はそれだけでは不安定なエネルギーですが、それにコジェネレーションのような発電機でバックアップする。そしてそれを消費する人数を適性化するのが重要だと思います。

……

金子――原発依存ではなくて、自然由来のエネルギーを使っていく、再生可能エネルギーにシフトしていくという意識ですね。兵庫県は共同事業をやろうとしています。マンションに住んでいるとエネルギーをつくることができないので、みなで出資して、共同事業をやって利益を還元する仕組みをつくろうとしている[4]。ですから重要なのは運用の実績がある人がやることと、住んでいる人がエネルギーをつくることの価値を共有していくことです。一戸建にエネファームを付けて環境にいい住宅だというだけでは、新しい価値の創造になりません。

3――『「脱原発」成長論：新しい産業革命へ』（筑摩書房、2011）

4――県民から集めたお金でファンドを設立し、公共施設の屋根などに太陽光発電施設を設置する会社に投資する仕組み。生産した電力を関西電力に売り、維持管理費などを引いた収益を出資した県民に配当する。兵庫県が2012年度の事業化を目指して検討中。

住むことの新しい価値とは

金子──また電気料金が安くなるのも重要ですが、集住していることで、家庭一戸一戸でやるよりもメリットがあるという仕組みをアピールすべきです。

……

山本──「地域社会圏」はさまざまなエネルギーの生産消費単位を持っています。40人程度で太陽光や太陽熱を利用し、140人程度でコジェネレーションによる発電装置を持っていてその廃熱利用をします。いま、一般に使われている家庭用のガス・コジェネレーションは「一住宅＝一家族」単位では効率が悪い。廃熱が利用しきれないのです。140人位集まるとかなり効率がいい発電システムになります。それで足りない量は外側から供給してもらう。その地域特性に見合った発電システム、たとえば小水力発電や地熱発電あるいは風力発電から買電すればいいと思う。いま、再生可能エネルギーや代替エネルギーの話が盛んですが、一方でそれをどのように消費するのか、その生活のイメージが必要だと思います。従来の「一住宅＝一家族」とは違う消費システムを考えることで、消費サイドでの省エネが考えられます。そうしたエネルギー生産の多様性と「地域社会圏」全体の消費コントロールの組み合わせを考えるべきだと思っています。

……

金子──便利・安価という価値だけですと、住人は既存のものを選んでも獲得できます。だからエネルギー生産のあり方や参加のあり方といった、共同であることの新しいメリットを打ち出す必要がある。そうしないと従来の所得階層別の価値を乗り越えてここに住んでみたいという人が出てこないと思います。これは重要なポイントですが、高い安いだけでは従来の所得階層の価値観と変わらない。別の価値の座標軸は、額の多少を問わず投資をする、エネルギーを共同でつくるなどというような共同事業に参加する意識を住人が持つことです。ここに住むことによって自分たちが新しい価値を生んでいるという感覚を持てるかどうかだと思います。

……

山本──まったくそう思います。従来までの「一住宅＝一家族」は消費するだけです。価値を生んでいるという感覚はなかったと思います。でもここではエネルギーを生産し、小規模とはいっても経済活動があるので、そのために住民相互の関係が濃密になると思います。つまりそれはこの「地域社会圏」に帰属しているという意識なのだと思います。それが「地域の価値」と関係していると思うのです。いままでは家族に帰属しているという意識は濃密でしたが、その外側の地域社会に帰属しているという意識は極めて希薄でした。しかし現実にはその帰属する家族があまりにも小さくなってしまっている。その外側の地域社会と個人との関係を考えなおすことがますます重要になると思います。それが「ここに住むことの価値」という意識に直接的につながるように思うのです。
……

金子――それは分かります。「地域社会圏」では専有スペースをかなり小さくして、共有スペースを大きくしていますよね。しかし住む側一人一人は自立して生きていきたいわけです。ITを有効活用することによって、一人一人が自立していながら、ネットワークを組むことで共同の部分を補うことができるといい。通貨に替わるポイントのようなものの交換の仕組みが組み込まれると、この街に参加し帰属しているという意識も高まるでしょう。一人一人がある程度自立して生きていきながら、共同していくという適度なバランスがあると思います。

昔は鬱陶しい大家族から離れて、核家族で自立することにプラスの価値があったわけです。ところがその核家族が壊れたいま、さらに気楽な空間が生まれたのかと言うと、今度はそれだと物足りなくなっている。希薄な関係を補ってくれる価値が必要です。しかしそれは元の共同体に戻るとか、大家族主義に戻るということではない。新しい抜け道としてのネットワーク型の社会を、「地域社会圏」のような共有のスペースのなかに組み込めたらいいと思います。

それは、実は地域分散型ネットワークとしての再生可能エネルギーの運用のし方ともつながっています。それぞれの街は自立してエネルギーをつくりたいのだけれど、太陽光しかできない、風力しかできないというような、その土地の事情が出てくる。それを融通しあうことによって、自立が担保されるような仕組みを考えるべきです。

またこの専有と共有のスペースも、もう少し住む人の立場になって、どこまでが本当に共有可能なのかを考える必要がある。昔は自立の象徴が風呂でした。内風呂を持つことが庶民から抜け出した証でした。それはシンボリックな社会的合意に過ぎませんが。それでは現在の社会的価値観からみてどこまでが自立した暮らしの範囲なのか。その共通項を探る必要があると思います。その上で、孤独な状態で住んでいると足りないものを、ここに住むことによって提供してもらえて、自分もなにかを提供できるという関係のシステムをつくれたら成功します。

アクションをサポートするIT

山本――確かにそうですね。場所に拘束される関係と、ネットワークのような場所に拘束されない関係とが相互に関わることができたらいままでとはまったく違う住み方やコミュニケーションの方法が提案できるように思います。いま、コミュニケーションはネット上の方が使い勝手がいいと思われていて、ますます現実の空間と関係のない方向に向かっていると思います。しかしそうなればなるほど、同じ場所、同じ空間の中にいるという関係はより重要になってきているようにも思います。

……

金子――いまフェイス・トゥ・フェイスの関係が成り立ちづらくなっているということですよね。共用スペースのなかにコンビニなどのいろんなファシリティがありますから、建物のつくり方によって、自然に出会うことになりますよね。

……

山本――そうです。空間のつくり方によってフェイス・トゥ・フェイスの関係そのものが変わります。いまのマンションのように隣り合う関係をまったく無関係であるようにつくることもできるし、相互の関係を大切にするようなつくり方もできる。ワンルームマンションの中に閉じこもってその外側との関係はすべてネットですます、というようなこともできる。それは建築のつくり方の問題でもあると思います。

金子――ネットの使い方もおかしいですよね。会社がいい例ですが、共同体が同調圧力になってしまっているため、ネット空間がそれから逃れるためのものとして機能してしまう。

……

山本――そうですね。ネット上ではその情報がどういう状況のどういう具体的な空間とともにあるのかということが分からない。それをあえて分からないようにするのは確かにその同調圧力から逃げだしたいからなのだと思います。でもそういう情報には実はあまり価値がない。

……

金子――たとえば「共有スペースで今夜パーティをやるので出ませんか?」というネット上の呼びかけに答えていくようなあり方が必要です。ネットの情報発信と行動を結びつけるような使い方ができるといいですね。アメリカの選挙運動で、今度ここに候補者が行くのでみんな参加してくださいとネット上で呼びかけると、私も行きます、私も行きますというふうになる。具体的な行動と結びつくコミュニケーションの習慣があるわけです。ネットは生活上の手段で、それが共同体意識の了解事項になっている。実際の共有スペースと同じです。

ところで、いまサラリーマンのあいだで「家飲み(うちのみ)」が流行っているそうですがご存知ですか。外で飲むと高いし、会社の上司と飲むのは楽しくないから、同僚や好きな人だけを家に呼んで、安上がりにがばがば飲む。コミュニティの外の人間も、関係を持てばそこで飲めるわけです。

山本――「地域社会圏」ではそういう場所がちりばめられています。レストランのキッチンだけを借りて、みんなで集まることもできます。

共同性再建の方法

金子――そこで貢献した内容がポイントになって、それをまた別に使えるというメカニズムをつくることが重要だと思います。いままでの地域通貨のイメージは、地方の商店街のサービス券のような、誰でも偽造できるようなもので、従来のお札のイメージに縛られていました。しかし「地域社会圏」のような一定の規模のまとまりがあれば、電子マネー化して、生活のなかで必要な機能に使えるものになればいいと思います。カードでもいいし、ネット決済でもいいわけです。Suicaのようにタッチすることで自分のポイントを使ったり、あるいは働くことによって貯めたり。

……

山本――つまり地域通貨のような新しい通貨をつくるのではなくて、お金の流通のシステムを変えるということですね。

……

金子――住みかであるコミュニティに貢献することによって、交換が成り立つようなシステムをつくるべきです。一種の電子マネー型地域通貨だと思います。もしポイントが足りなくなったら、外の通貨でポイントを買うこともできるようにする。そうすれば一人一人の顔が見えなくても、お互いの役割が成り立つようになる。従来型の地域通貨の概念を超える新しいものを創造して、それを生活圏のなかに組み込む。貨幣による交換では成り立たないような、お互いの人間的な交流がポイント決済されるようになるといいですね。

……

山本――それはすごく面白い。「地域社会圏」にぴったりです。ここでは共有のミニキッチンを使うためにカードが要ります。目玉焼き一つ作るためにコンロを何分使ったというようなことは、カードで管理することになると思う。そのカードが地域通貨のカードになれば、コミュニティ内で自由に使うことができるわけですよね。

……

金子――そうすれば外でアルバイトや労働をしてお金をもらうという関係ではなく、みんなで集まってお金を媒介しないで、助け合って順番に当番で掃除をしていくという関係になります。

……

山本――そうですね。金子さんがおっしゃるような新しいシステムが空間化されていて、空間のアクティビティとともにあることが重要だと思う。空間のアクティビティとともにあるという意味は、ここでのさまざまな活動が空間とともにネットワークになっているという意味です。具体的に言うと、この住民たちは同時に「生活サポーター」というアルバイト要員なのです。時給は800円ほどです。その生活サポーターの仕事の手配をするのがサポートリーダーでこの「地域社会圏」のメンテナンスを担当します。あるいは「見世」がさまざまな場所にあるので、そこでわずかとはいえ利潤を得ることもできる。この「地域社会圏」の空間的な仕組みを利用しながら、生活そのものをメンテナンスや地域経済と一緒に考えることができるように思うのです。

……

金子――山本さんには古き良きコミュニティを復活したいという感じがあるんですか。

……

山本――いや、それはありません。そういう逃げ場のないコミュニティには二度と戻りたくないというのがこのプロジェクトのもう一つの発端です。

……

金子――僕は感覚的にうざったい人間関係が嫌です。大学の寮生活には二度と戻りたくない。シャワーとキッチンが共用だと説明されたとき、貧乏に戻るのかという気がしましたよ（笑）。逆戻りと感じさせない新しい価値で説明していかないと、なかなか受け入れられないだろうと思います。

お互いに自立しながら、もう一度共同性を再建できるような、ドライであるようでウェットでもあるような、助け合いであるようでフェアな取引であるような、新しい創造性を持った空間の感じが出てくるといい。そのためには新しい関係をつくり出すような媒介手段が必要で、それは目に見えない設計ですよね。

……

山本――さまざまなものが媒介になると思います。目に見えないネットワークのようなものから具体的な空間まで、使えるものは何でも使いたい。すべてはその用途があると同時にコミュニティの媒体なのだと思います。住まいもキッチンも風呂もコンビニもこの「地域社会圏」の中のさまざまな空間はそういう空間なのだと思います。

……

金子――でも若い人はトイレの共用には耐えられないだろうというのが僕の正直な感想。風呂は共用だとしたら大きいのがよくて、代わりにシャワーくらいはそれぞれの部屋にないと辛い、というのがいまの個人の生活を守るための最低限かもしれません。

……

山本――シャワーやトイレブースの数がどのくらいあるかにもよると思いますし、一人で持つよりももっと快適なサニタリーにすればまた違ってくると思うのですが。

金子――共用にどれだけ慣れることができるか。ホテルにあるようなデラックスなトイレだったら、みなで共用するのもありかもしれない。共有することが逆戻りにならないコンセプトが必要です。

山本――シャワーやトイレは思いきり豊かにします(笑)。

……

貨幣経済を超える

山本――もう一つ金子さんに伺いたいことがあります。GDPという指標で経済成長を測り、成長が目的化しているように思います。私たちは今後もGDP指標による成長を目指さなければならないのか。それは本当に私たちの生活の豊かさにつながっているのでしょうか。

……

金子――まずGDPという経済成長の指標が正しいかどうかは一つの問題です。ただ脱成長を主張する人は、公務員や学者で、豊かで安定した人たちですよね。しかし実際になぜ成長が必要なのかといえば、若い人のほとんどが非正社員だからです。従来のGDPの基準から見たら、すでに20年間ほとんど成長していない。実際には、世界から取り残されています。「雇用がどんどん不安定になっているのに「脱成長で行きましょう」とは言えない。みんな豊かになりたいし、まして仕事のない人は仕事が欲しい。だから私は安直な脱成長論には賛成できない。

しかし一方でGDPで測ることの馬鹿馬鹿しさというものもあります。たとえば僕と山本さんが自分の親の面倒を見ているとGDPにはカウントされない。しかし僕と山本さんが互いに月10万円お金を払って、それぞれの親の面倒を見てもらえば、これはGDPになる。コミュニティのなかで交換し、ネット上の電子マネーで決済すれば、GDPの馬鹿馬鹿しさを相対化して、十分な豊かさを享受できる。

……

山本――相互扶助を地域マネーで決済すると、それはGDPにカウントされるんでしょうか。

……

金子――いまのところは、されないでしょう。しかしそれがうまく機能すれば、お互いの共同性、互酬や交換を取り戻し、豊かさを享受することができる[5]。

……

山本――日本の経済政策は海外からの投資を増やすという名目で、さまざまな規制を世界標準に合わせようと規制緩和をしてきました。これからもさらに投資しやすい環境

5――互酬・再分配・交換の関係についての基本書としては、
カール・ポランニー『人間の経済I市場社会の虚構性』(岩波書店、2005)、
「大転換」(東洋経済新報社、2009)を参照。

をつくるべきだと言われていますよね。

金子——それには、かなりの嘘が含まれています。

……

山本——投資されて儲けた利潤はどこに行くのでしょうか？

……

金子——現地に雇用が生まれることは確かです。ただ、利益の一定部分は外に漏れる。

……

山本——投資家がたくさん投資したとしても、利潤は外に逃げていってしまう。いま多くはそうなっていませんか？

……

金子——業種によると思います。金融分野はかなり外に逃げています。

山本——海外から投資されてもその利潤が外に逃げていってしまうのだとしたら、なんのための投資なのかと思います。建築も規制緩和をうけて巨大な延べ床面積がつくられるようになりました。経済成長のための規制緩和です。しかしそれはディベロッパーや投資する人のための規制緩和で、そのために日本の都市景観は地方都市も含めて壊滅的に壊されてしまったと思っています。

……

金子——日本はアメリカに迫られると強迫心ですぐ市場を開く。最近におけるTPP（環太平洋戦略的連携協定）の動きが典型的ですが、財界中枢の企業はみなアメリカに輸出して儲けてきたので、なにか言われたら譲らないといけないという習い性的なパターンを繰り返しています。しかし、現在では、それで得することはほとんどありません。

被災地復興から見えること

山本——東日本大震災の被災地のことを考えると、日本の住宅供給システムが持つ問題がはっきり見えてきます。日本のハウスメーカーの標準化された住宅はまず、平地でないと建てられない。斜面では無理だから、そこをひな壇にしないと建ちません。だからいままで民間のディベロッパーたちは平地を造成して、もともとある地形や景観を壊してきました。もともと住宅はその地域の地形や風土と折り合いをつけながら建てられていましたが、高度成長期に一気に風景の標準化が進みました。この標準化は今回の津波被害を大きくする原因にもなったと思います。

金子――津波の被害もひどかったですが、陥没の被害が深刻です。僕は石巻、東松島、宮古などをまわりましたが、牡鹿半島辺りでは、カーナビが映らない。5メートルくらい地形がずれてしまっていて、港がみな陥没していた。石巻のある平地では、北上川の水位がほとんど地面と同じでした。壊れた港は諫早湾の干拓のように堤防を造って水を掻き出し、陥没したところに客土してもう一度造らなければいけない。また避難所では暮しにくいので、1階が津波にぶち抜かれていて、電気も水道も回っていないところにみんな戻っています。下水も逆流しています。ですから現状は、高台に住むか、また所々に高層のビルを避難所用につくりつつ低地に住むのか、それとももうそこには住まないという決断をするのか、という選択です。その基準がまだまったく出ていないことが最大の問題です。街づくりにまったく手をつけられない状態です。北上川の横を歩くと驚きますよ。すぐ横が水面のような地域がある。そんな場所には建物は建てられない。港も再建できない、冷蔵庫・冷凍庫も再建できないし、加工会社も工場を建てていいかどうか分からない。家が建ってもこのような状況では仕事がないので、どうしようもない。それがいま現実に起こっていることだと思います。そこでどういう再興のし方をするのか。結局、地域自身が選ぶしかないんですが。

……

山本――日本の開発は圧倒的に土木優先です。防潮堤の話にしても土木技術の問題になります。しかしたとえばオランダでは干拓によって街をつくり続けてきましたが、まずは建築家や都市プランナーが全体の計画をつくります。建物や街の計画とともに土木的思考がある。相互の深い連携があるので、効率よく、埋め立てをしながら街や建物をつくることができる。われわれもそういうオランダ的アプローチを採用するべきだと思っていますが、しかしいまはどう埋め立てるか、高台に宅地をどう造るかという土木の話だけになってしまっているというのが現状です。本来ならば生活をどう再生するか、どのような街をつくるのかという方針があって、そこで土木技術の使われ方を考えないといけないはずなのに、先に高台移転や防潮堤の話になってしまっている。戦後日本ではずっとそうやって土木優先でやってきた。しかし、もしその地域の特性にあった生活のし方や街のつくり方と一緒に解決策を考えるとしたら、その場所ごとに異なる解決策、特殊解があるはずなのです。

……

金子――そうですね。特殊解もあるでしょう。石巻や気仙沼、大船渡もひどいダメージを受けましたが、一定規模の町であればなんとかなる。でも集落しかない小さな漁港で、ぜんぶ流されて陥没してしまったところは、僕は正直に言うと、復興は困難ではないかと思いました。319の港がみなそういう状態になっているところへ限りのある税金を投入することを考えると、効率を無視することはできない。ただある港を見捨てれば、そこには人が住めなくなってしまうわけです。養殖など小さなことは少しの船でできますが。これほど広大な地域に広がる陥没した場所をどうするのか、どこを重点にして、どう決定するか、それが混乱してしまっている。国交省や農水省が基準を出すこともできていない。地域は国がある程度線引きしてくれないとなにもできないという状態で、なにも進んでいません。

……

山本——被害を受けた小さい町村の町長さんや村長さんにお会いすると同じことを言っていらっしゃいます。コンサルタントの人たちがさまざまな絵を描いて持ってくるけれど、どうしたらいいのか分からない、なにも進められない。国の基準で防潮堤の高さを決めても、街づくりの指針にはなりませんから。私は最大の問題は住宅だと思います。住む場所をどう復興させるのか。住宅の多くは自己責任でつくっています。個人資産ですからそれが津波で破壊されたら、また自己責任でつくることになるわけです。敷地は高台を造成してひな壇状にして、そこに戸建住宅をつくるというイメージなのだと思います。でも、この被災地の平均の高齢化率は30%を超えています。今後さらに高齢化するだろうし、経済基盤も簡単には復興しないと思う。そこに戸建住宅を自己資金でまたつくるという政策はあまりにも無謀です。戸建住宅群は高齢化社会には不適当です。集合的に住む住み方を考えるべきです。いまの住宅は恐らくヘクタールあたり80-100人程度の人口密度だと思います。戸建が多いからです。それをヘクタールあたり200人程度まで人口密度を上げれば、宅地は従来の半分ですみます。高台移転をする時の住宅のつくり方を考えるべきです。ひな壇状にしてそこに自己資金で戸建住宅をつくるという、従来までの手法を見直すべきだと思います。

金子——その通りです。

……

山本——高台に戸建住宅をつくるというだけでは復興になりません。それは単なる造成工事です。日本はそういう土木的な造成、インフラを優先する都市開発をずっとやってきた。新幹線を通したり、高速道路を通したりすることには熱心でしたが、そこに住んでいる人たちの細やかな生活のことがほとんど考えられていませんでした。

……

金子——そうですね。ただ田舎では自分の土地と家を持つということが大事なステータスであることも事実です。うちの親父も田舎から出てきて、一軒家を建てて初めて田舎に帰れると言っていました。農地解放の影響もあり、大地主の土地が細分化されて、小作人がそれぞれ土地を持つことができたという所有の魔力があります。田舎では都会以上にこの魔力を打ち消すことが難しいでしょう。

……

山本——確かにそうですね。戸建幻想は地方の方がより強固です。

……

金子——一国一城の主であることが持っている意味がある。戦後の民主化は、地主と小作、網元と漁夫の差をみなに所有させることで壊してきたという経緯があります。その記憶がまだ残っているのです。

……

山本——そうだと思います。そして一方で一戸建以外の住み方は、従来の団地スタイルしか思い浮かばない。だからこそ、こうした「地域社会圏」のような形で共同的に住むということがどういうことなのか、それを具体的に目で見えるようにすることが大事だと思っているのです。

都市郊外モデルの可能性

金子——現時点では、僕はこの提案が都市郊外であることに実現可能性を感じます。都市郊外には高齢層も多いですし、これからどんどん単身化していくときに、ある程度の収入がありますので、独立可能な層が「地域社会圏」に住むことが考えられるでしょう。都心の環境のよいところはお金持ちしか住めませんし、下町には低所得者が集まりますが、都市郊外は、豊かでも貧乏でも入りやすい。標準家庭が崩れたときに新しくレンジを広げていく場所としてはいいと思います。

……

山本——このモデルになった鶴見は外国人も多い場所なのです。

……

金子——そうですよね。在日の方も多いと思います。都市郊外には、土地にへばり付くという感覚が薄く、故郷喪失者にも慣れている。新しい共有のあり方をつくっていくにはよい場所です。

……

山本——今日は金子さんのお話を伺って、地域社会圏のなかでの通貨の使われ方、なにを共有してなにを共有しないかという線引き、それからネットだけの関係ではなくて、場所に帰属した関係も同時に実現すること、コミュニティは過去に回帰するような関係ではないということ、そのようなことが最重要ポイントだということが改めて分かりました。

……

金子——そして重要なのは新しい生き方やライフスタイルがどのようにそこに体現されているということですね。新しい価値を持っている場所に参加しているという意識をどうやって引き出していくか。

新しい価値を表現するときに、一つはハードとしてのデザインが重要です。空間をどういうふうに演出するのか。従来のように同じユニットが並んでいる共同住宅ではないハードとはどのようなかたちなのか。またそれに加えて建築家が考えないといけないのは、標準家庭が壊れたことによる新しい生活スタイル、つまりソフトの部分です。運営・運用のあり方や個人個人をどうつないでいくかということです。建築のかたちには現れないソフトの部分を考えないといけなくなっている。

山本――そう思います。ただ、そのときにソフトとハードの境目が難しいところで、新しいデザインというのは新しいソフトと一緒じゃないと生まれない。いままでのマンションや戸建住宅はディベロッパーがソフトをつくり、それに合わせて箱型を並べてきた。つまり従来までの社会通念ではソフトが先にあって、それに応じるようにハードがあると考えられてきましたから、ハードをつくる段階ではそのソフトを覆せない。しかしハードがソフトを生んでいくということもある。実際、建物と人間の活動をみれば、ここまでがソフトでここからはハードと分けられないことがほとんどです。

……

金子――まさにその通りだと思います。結局セキュリティやシステムキッチンがあると、ライフスタイルが見えてくるわけですよね。でもそれはスペースに縛られたソフトです。「地域社会圏」のようなハードのつくり方をすると、ソフトのつくり方が根本的に変わると思います。電子マネーとしての地域通貨という提案をしたのは、そういうつなぎ方をすることによって、新しい価値がつくれるのではないかと思ったからです。それはソフトとハードの結びつきによってしかできないことですよね。

……

山本――そこをうまくつくりたいですね。たとえばふつう商売をしていたら店の前の道路は自分で掃除します。商店街ではみな自分の店の前を清掃します。でもマンションの住人は地域の掃除には参加しない。今回あえてユニットのなかに「見世」という場所をつくったのは、住宅も社会と関係しているというメッセージで、それによって地域の関係ができ上がってくることもあると思いました。

……

金子――なるほど。その自発性は貨幣関係では出てきませんね。共有スペースをつくったときに、誰が掃除をするのかということを決めるほど大変なことはないですよね。

……

山本――そうですね。いままではプライバシーのための場所とパブリックの場所がドア1枚で分かれてしまっていたのだけれど、その間にルーズさがあると、もう少しお互いの関係がうまくできると思います。

……

金子――共同性と個人の二項対立ではっきり分けてしまうと、人間の生活は苦しくなります。グレーゾーンのレンジを広く取って、相互浸透しているような状態がいちばん気楽だと思う。次の掃除当番が決まっているような状態はかなりぎくしゃくしたものになる。自然に順番に掃除しているような関係がスムースです。そういう関係はよほど日常的にフェイス・トゥ・フェイスで付き合っていないとできないものだけれど、新しい「交換」の仕組みがうまくできると、それが可能になるかもしれない。しかも住んでいることが世の中に対して、たとえば環境に対して役に立っていることを実感できるといい。家賃の一部が太陽光発電のパネルを張り替えて増設していくための投資になっているというようなことでもいい。住むことが積極的なアクションにつながる家、それはいままでにないコンセプトです。だからエネルギーの提案にもう一工夫できれば、かなり突き抜けた案になると感じました。

また僕は共用キッチンでパーティができるということが重要だと思います。そんなマンションはなかなかない。またフリーマーケットのように、お互いのものを出し合って交換できるのもいい。いままでにない共有と個別所有の境界領域がたくさんあればあるほど、豊かなイメージになると思います。

……

山本――まったくおっしゃる通りです。共有と私有の境界をどうつくるかということなのだと思います。それは建築の中心的な問題です。

……

金子――いまの若い人は寂しん坊で、その割に他人の干渉を嫌います。そして常に孤立することを恐れていますよね。

……

山本――そうですね。ワンルームマンションに住んで外とはネットでつながっている。

……

金子――安くて便利であるが、個人的な部分も手放したくないという微妙なバランスですね。それをうまく組み込んで、実験的に実現できれば面白いことになる。またそれをモデル事例として同じことが地方の都市に応用されていく可能性だってある。

……

山本――一つモデルができると、みなが理解できるようになるし多くの人がそれに対して意見を言えるようになるので、ぜひつくりたいと思っています。

……

金子――そうです。そうすれば既存の街づくりのあり方も変わってくるかもしれない。「地域社会圏」のように共有スペースができていったりするかもしれない。「地域社会圏」のコンセプトが変形して、既存の街をも変えていったら、面白いですよね。

……

山本――そう思います。「地域社会圏」は考え方の問題なので、既存の街を利用しながらその住み方を変えることも十分にできると思います。地方都市には「地域社会圏」的な資産が豊富にあるはずなのです。金子さんとお話をして、この「地域社会圏」が一気にリアルになりました。

……

二〇一二年九月一八日、LIXIL:GINZAで収録

対談
a dialogue

住まいは社会を大きく変える

Housing that will radically change Society

平山洋介
Yosuke Hirayama
×
山本理顕
Riken Yamamoto

地域社会圏
主義

所属のフレキシビリティ

山本理顕――戦後の日本では、家族単位で住宅を持つ、いわゆる「持ち家」を誘導する住宅政策がとられてきました。また二〇〇〇年くらいからは住宅供給はほとんど民間ディベロッパーの手に委ねられたことで、住環境はますます悪くなってきていると感じています。日本の住宅供給のしくみを見直したくて、平山洋介さんとお話ししたいと思いました。平山さんは『住宅政策のどこが問題か』(光文社新書、二〇〇九)、『不完全都市――神戸・ニューヨーク・ベルリン』(学芸出版社、二〇〇三)という著書で戦後日本の住宅政策とその問題を克明に分析されています。今日はこの「地域社会圏」への平山さんのご意見をお聞かせください。

……

平山洋介――では、山本さんの「地域社会圏」の提案を見せていただき、考えたことを最初にお話しします。

戦後、人間の生き方について、大きく二つの考え方があったと思います。一つは個人としての人間を尊重し、自由で平等な社会をつくっていくという方向性の重視。もう一つは、個人は共同体または擬似共同体としてのなんらかのグループに所属し、そのグループを単位にして社会を運営するというものです。それぞれの社会は、それぞれの文脈のなかで、その両方を独自にバランスさせてきました。日本の場合は、グループ主義の傾向が強くみられ、最重要のグループが家族でした。

日本には、国際的にめずらしいさまざまな制度があります。家族形成を促進し、標準世帯を有利にする制度です。たとえば、専業主婦を養っている夫には所得税の優遇措置があります。専業主婦やパートで働く主婦たちは、掛け金なしで基礎年金を与えられます。これらは、個人ではなく、世帯を単位とするという特徴を持っています。男女の賃金格差をみると、OECD30カ国のなかで日本は韓国と並んで最大級です[1]。女性は家に入った方が合理的だということになる。戦後日本の女性の大半は、結婚し、家族に所属しないと生きていけなかった。これらの制度から、男が稼ぎ女は家に入るというライフコースの標準パターンがつくられ、個人ではなく世帯というグループを単位とし、それを保護するシステムが形成されました。

さらに、日本では持ち家に住むことが、標準ライフコースの重要な要素でした。政府の住宅政策は、持ち家取得の促進に傾き、賃貸住宅を貧弱なままで放置してきました。持ち家は、良質の住宅、資産形成、社会的なステイタスなどを意味しました。日本では、持ち家と借家の質の差が非常に大きく、持ち家の延床面積は、借家の約3倍です。これは、国際的にみると、きわだって大きな差です。西欧諸国では借家の規模は、持ち家に比べて、それほど小さく

1――OECD諸国の男女の賃金格差については、
Society at a Glance 2006, OECD PUBLICATIONS参照

ない[2]。

日本では、家族形成と持ち家取得が密接な関係を持っています。賃貸市場では、家族向けの住宅が少ないですし、その家賃は高い。結婚して家を買って、それを資産として所有し、子どもを育てるというのが人生の社会標準になりました。

ところが、標準世帯モデルは急速に壊れてきました。未婚率の上昇、女性就労の増大、晩婚・晩産化、少子・高齢化、離婚の増加など、家族のあり方は大きく揺らいでいます。

この点は、すでによく知られている通りです。興味深いのは、家族形成を重視してきた国ほど、少子化が著しいことです。日本や韓国のような儒教圏と、地中海のイタリア、スペインといったカトリック文化圏では、出生率がきわめて低い。これらの国では、「男性稼ぎ主」型の家族をつくるのが当然という制度が形成されているがゆえに、女性が働き出すことによって社会実態と制度の不整合が拡大し、結婚が減って、少子化が進みました。たとえば、働く女性をサポートする制度がないので、女性就労と子育てが両立しません。リベラルな国では、結婚が減っても、婚外子がたくさん生まれます。しかし、日本では、婚外子が社会に受け入れられる度合いが低いがゆえに、結婚の減少が少子化に直結しました。日本の人口・家族変化は、急激です。高齢者の割合は、二〇五五年に4割くらいに達するといわれています。

未婚の増加については、若い世代での未婚率の上昇が知られていますが、それに加えて、生涯未婚の増大に注目する必要があります。日本では、50歳時の未婚率を生涯未婚率としているのですが、その数字は、二〇三〇年に、男では30%、女では23%になると予測されています。生涯一度も結婚しない人が急速に増えるというのは、家族を基本単位として位置づけてきた社会にとって、重要な変化ですね。結婚が減少すれば、持ち家取得も減ります。ですから、標準世帯と持ち家の結合関係に根ざした社会の構造は、安定性を失うだろうと思います。

山本さんもお書きになっているように、住宅と世帯の一対一対応というシステムと現実の乖離が大きくなりました。標準世帯モデルでは、専業主婦が夫や子どもの面倒をみることに

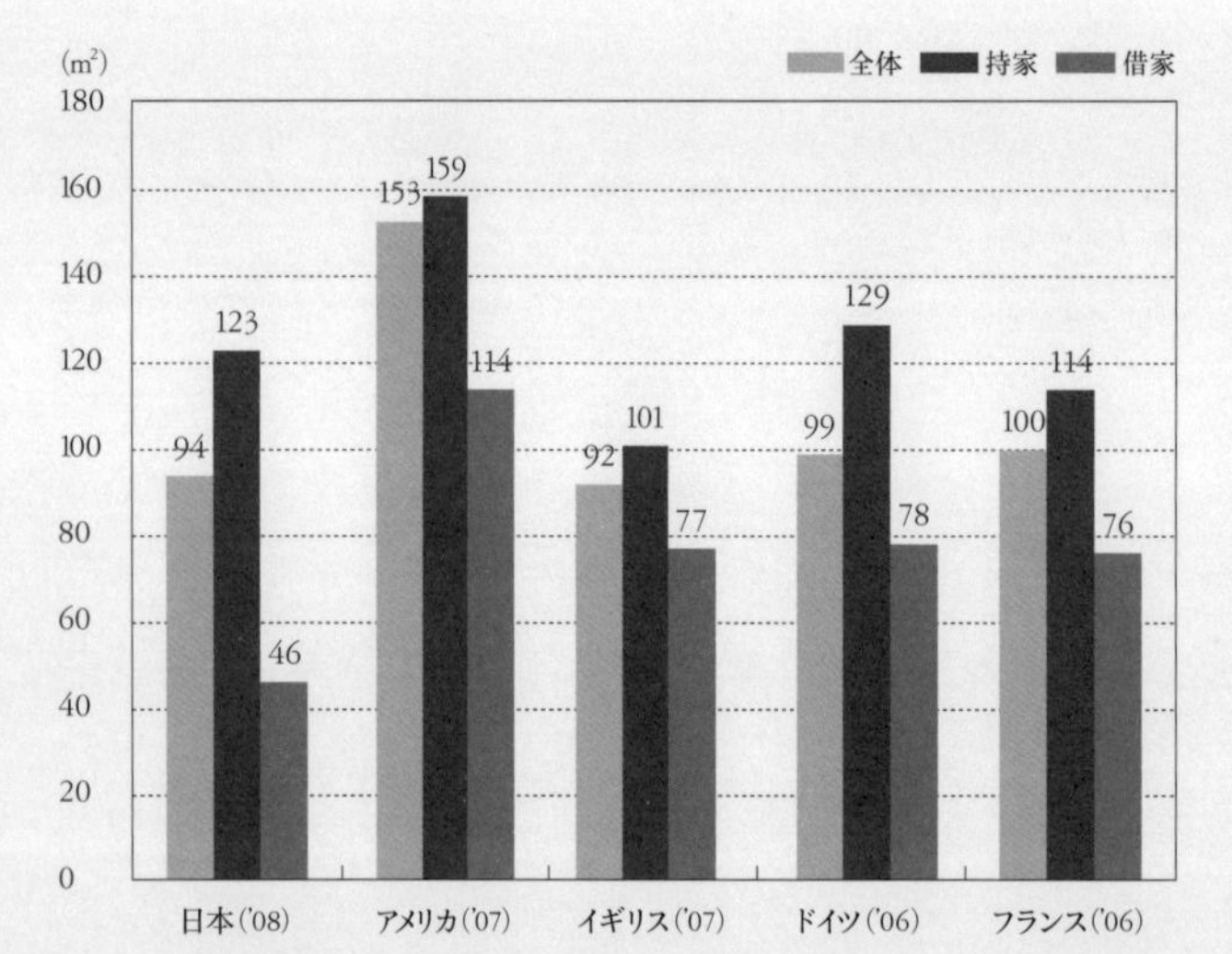

2——「住宅床面積の国際比較(壁芯換算値)」
住宅政策を取り巻く状況/国土交通省

よって、生活が住戸内で私的に完結するという想定があります。しかし、非標準の世帯は、専業主婦を含みませんので、住宅と世帯の一対一関係が成立するとは限りません。ほとんどの人間は、あるいはすべての人間は、ひとりでは生きられず、なにかに所属しないと生きていけません。この所属の単位をどう考えるのかが、いま、問われていると思います。標準世帯を所属の基本単位とし、閉じた住戸の内側で生活を完結させる、というパターンが成り立たなくなります。「地域社会圏」の計画では、どこに所属してどう生きるのか、所属のフレキシビリティが高まるのではないか、それを建築としてどう表現するのか、という問題が提起されていると思いました。

ヨーロッパでは、標準世帯向けではない住宅が提案され、その建設が増えています。デンマークのコ・ハウジングやスウェーデンのコレクティブ・ハウジング、オランダのセントラル・リビングなどです[3]。これらの住宅は、タイプごとに異なる内容を有していますが、いろいろな共用空間を備え、共働き世帯、母子世帯、高齢者世帯など、非標準の世帯のニーズに対応しようとする仕組みを持つ点に共通性があります。しかし、これらはあくまで住宅の空間構成に関する提案と実践です。コミュニティレベルでの提案はあまり見たことがない。「地域社会圏」は、住宅と家族の関係だけではなく、もう少し大きな単位を設定し、所属のあり方を提案している点が興味深く、その点で初めての試みではないかと思います。建築分野での地域社会像の提案には、かつての近隣住区論がありますが、これは、住宅を並べてグルーピングし、標準世帯を主流とするコミュニティのあり方を示したものでした。20世紀型の近隣住区の行き詰まりの果てに、どういう単位と所属がありえるのか、またそのフレキシビリティをどのように考えるべきなのか、といった点がご提案の問いかけの核心ではないかと思います。

……

山本――平山さんが指摘された「所属のフレキシビリティ」という考え方はとても重要だと思います。この計画では住む人がどこに所属するかは常に明瞭だけれどそれを固定化しないで、フレキシブルな関係をつくりたい。一つの集団に固定的に所属するのではなく、所属する場所を多重的にフレキシブルにしていくことができたらいいと思っています。社会は自立した個人だけで構成されているわけではありません。十分な資力を持っている健康な個人は自由を獲得することができるけれど、そうできない人たちもたくさんいるわけです。あるいは自立しているように振舞っていても、実はいろいろな人に助けられていると思います。私たちの生活にとって他者との関係、あえて言えば助けあう関係は不可欠なものだというところから「地域社会圏」は考えられています。

……

平山――社会のつくり方に関して、自由主義とか、保守主義とか、社会民主主義とか、いろいろな考え方がありますが、いずれの考え方も純粋なままで社会に適用されることはありません。完全に自由な個人や、共同体に完全に依存・従属する個人、というような極端な人間像のもとでは社会は成立しない。複数の考え方の組み合わせのなかで人間は

3――コ・ハウジング、コレクティブ・ハウジング、セントラル・リビングについては、
K. A. Franck, *New Households New Housing*, Van Nostrand Reinhold, 1991,
Kathryn M. Mccamant, *Cohousing*, Ten Speed Press, 1989,
または平山洋介『コミュニティ・ベースト・ハウジング』ドメス出版、1993を参照

生きていますし、社会は成り立っています。個人と所属のどちらが大切かというような立論ではなく、個人と所属のバランスのあり方を問う必要があります。建築の分野では、アレグザンダーの『コミュニティとプライバシー』(鹿島出版会、一九六七)を持ち出すまでもなく、個人と集団の関係のあり方は、古くから重要なテーマでした。

……

山本──そのバランスをつくることができるのが建築だと思います。この提案では「イエ」と呼んでいる住まいは個人単位で借りられるようになっていますが、個室に閉じこもらない。「見世」という外側と関係できるような場所を持っています。外側に対して自分を表現したり、外から内へ手を差し延べることができるような場所がある。それは住まいにとって極めて重要なことです。でもいままでの住宅は徹底して外から内を閉ざしてきた。それは、戦後の住宅政策の影響です。日本では戦後一貫して「一住宅＝一家族」のプライバシーをいかに大切にするか、という政策をとっていたわけですよね。さらに持ち家を誘導することで自分の家は個人の責任で守るべき財産であると多くの人が考えるようになったと思います。

結婚と持ち家とＧＤＰが連動した時代

平山──戦後の政府は、持ち家取得を促進する住宅政策を組み立てました。住宅金融公庫が一九五〇年に創設され、持ち家融資が始まりました。結婚して家族を持ち、持ち家を取得し、そこで私生活を展開する、というのが標準的な生き方とされ、そうしたライフコースが「普通」であるというイメージが普及しました。これに加え、一九七三年のオイルショックを契機として、持ち家建設の促進は景気刺激策の柱となりました。それ以来、景気が悪化するたびに、「家を買ってください」という政策が実施されました。政府は、60年代までは、公営住宅や公団住宅の建設も増やしていたのですが、70年代からは、持ち家一辺倒になりました。

……

山本──公営住宅、公団住宅は持ち家と比べてあまりにも少ないということを平山さんの著書のデータで再確認しました[4]。「持ち家」こそが理想像だというわけですね。

……

平山──はい。しかも重要なのは、持ち家を買ってくださいと

4──平山洋介『住宅政策のどこが問題か』光文社新書、2009

いう政策は、あくまで家族を対象にしたという点です。家族が家を買って、所有して、そこに住む、というパターンの増大が追求されました。政府は、単身者の住宅事情に関心を持っていなかった。あるいは単身世帯を結婚までの過渡的な形態とみなしていました。住宅金融公庫は80年代になるまで、単身者に融資しませんでした。公営住宅の制度は、高齢者などを除けば単身者に入居資格を与えませんでした。住宅公団は、単身向けアパートを建てましたが、それは少数で、公団住宅の大半は家族向けでした。公営・公団住宅は、家族が持ち家取得に到達するまでの期間、一時的に住むための住宅と考えられていました。家族と持ち家の結合関係こそが戦後日本の社会形成の核となりました。

……

山本——もう一つ驚いたのが、住宅融資の貸出残高総額がGDPの40%近くだということです。それは経済活動の40%近くが住宅だということですか?

……

平山——いやそうではなくて、GDPの約4割に相当するくらいの規模の住宅ローンの借金があるということです。膨大な借金です。持ち家が建ち並ぶ風景は、借金の海に浮かんでいるのです。持ち家を本当に持っているのは、住人ではなく銀行です、という言い方もできます。

……

山本——実際「フラット35」[5]などという長期住宅ローンですごく借りやすくしている。また子どもの世代まで連続して返済するようなローンもある。

平山——二世代ローンですね。なにがなんでも家を買ってくれという政策です。世代を超えてローンを背負わせる。そうまでして家族に家を買ってもらって所有させようというのは、戦後日本の政策を端的に表現しています。

……

山本——それが経済成長に直結すると考えたからだと思います。住宅政策ではなくて経済政策です。

……

平山——実際、70年代では持ち家の大量建設が景気を刺激する側面を持っていました。結婚と持ち家とGDPが連動して増えたわけです。

……

山本——そういう政策に私たちはいとも簡単に乗せられてしまう(笑)。住宅政策は行政に全面的に委ねられていて、私たちの側にはそれを疑うという視点がない。それが問題だと思います。いまや住宅は自己責任で購入するものだと思い込んでしまっています。

……

平山——二〇〇八年のリーマンショックで経済危機が広がりました。政府は持ち家減税などでやはり家を買わせて景気を刺激しようとしました。しかしかつてのインフレ経済の時代とは異なり、バブル破綻以降の経済の基調はデフレです。デフレのなかでの借金は危険です。債務の実質が増え、所得は下がる。デフレであるにもかかわらず、住宅ローンによる借金を奨励し家を買わせようとするのは、異様な政策としか言いようがありません。一方、日本の賃貸住宅は貧

5——フラット35:民間金融機関と住宅金融支援機構が提携し、提供する最長35年間金利が変わらない住宅ローン。

しいままです。

……

山本——異常だと思います。日本では公共住宅の供給をやめてしまいましたから、賃貸に入りたい人は民間の賃貸住宅を借りるしか他に方法がない状態になっています。民間賃貸住宅は家主の利潤を最優先したいわけですから、できるだけ安くつくって高く貸したい。家賃の滞納のないような住人を選びたい。低所得の人たちは本当に過酷な環境に住まざるをえないのがいまの状況だと思います。賃貸住宅の貧しい状況はヨーロッパと比較すると良くわかります。オランダのアムステルダムでソーシャルハウジングの設計をしたことがあります。いちばん小さいユニットが20m²くらいの単身者用でした。基本計画はアムステルダム市が行ない、高級な分譲集合住宅もセットでその地域全体をつくる。市の街区計画ができてから、民間ディベロッパーに入札で参加してもらう。どういう人たちに供給するのかは、市が決めているわけです。スイスでも宗教団体が寄付や融資をして、かなりの数の低所得者用賃貸住宅が供給されている。羨ましいくらい豊かな住宅です。日本にはそういう低所得者に対する供給システムがない。

……

平山——日本では、家を買う人が価格の100%相当の住宅ローンを借りることもあります。頭金なしで家が買える。そういう無茶な買い方がデフレのいまでもある。ドイツの銀行は、住宅価格の半分くらいのローンしか貸さない。ヨーロッパ諸国の政府は、賃貸住宅の改善に力を入れました。ですから、無理をして家を買う必要がありません。日本の家族は、なにがなんでも家を買おうとした。その理由の一つは、賃貸住宅の貧しさでした。

日本はバイアスのかかった社会だと思います。賃貸ではなく持ち家、単身ではなく結婚、自由業よりサラリーマン。会社に入って、結婚して、家を買う、という特定のパターンの生き方が標準とされ、そういうライフコースに人間を追い込んでいくような社会です。建築もまた、それに歩をあわせてきたような気がします。標準パターンのライフコースに乗れなかった人たち、乗りたくなかった人たち、家を買えない人、買いたくない人は、とても生きにくい。

……

山本——なぜそういうことになったのでしょうか。戦前までは借家がたくさんありましたよね。

……

平山——戦前は東京でも大阪でも借家が約8割を占めていました。戦後、経済が成長し、家を買える中間層が増え、住宅購入が経済を刺激するというサイクルが形成され、それを通じて持ち家が増加し、ライフコースの標準化が進みました。奥さんが家を守り夫が外でガンガン働くような家族の体制。それを包むための持ち家が増え、経済が膨らんだ。アメリカは戦前からこういうパターンの社会をつくっていました。

……

山本——テレビの放送が始まった頃、僕は小学生でしたが、すぐにアメリカ製のホームドラマがたくさん入ってきました。ハンサムなお父さんと、綺麗な奥さん、聞き分けのいい子どもが何人かという核家族です。あれはアメリカ製家族モデルを日本人に教育するときにすごく有効だったと思う。僕はそれを見て育った（笑）。大きな冷蔵庫にアイスクリームが入っていてそれだけでびっくりして正にあこがれの生活でした。アメリカ的家族の理想像が刷り込まれました（笑）。

……

平山——いろいろな社会にそれぞれの文脈に応じた家族や生活のあり方があって、それに沿って建築が生まれるのだと思っていますが、建築がそういう家族・生活像をつくるという逆の回路もあったのでしょうね。

……

山本——まったくそう思います。むしろ住宅の供給の仕組み、その住宅のプランニングが戦後のわれわれの家族像を決定的にしたと思っています。鈴木成文先生に、51C型の住宅[6]を鉄の扉で閉じたことで、住宅を結果的に極めて閉鎖的なものにしてしまったのではないかと率直に伺ったことがあります。鈴木先生は猛反発されました。戦災、震災に強いRC住宅を低コストで供給したいという強い意志があったからだということでした。甲種防火戸はそれを閉じればなかは密室になります。確かに火災には強い。戦災は当時の建築家、計画学者には強烈な記憶だったのだと思います。さらに、多くの人たちが都市に集まってきて、そういう人たちを収容するために、プライバシーの確保は極めて重要な要請だったと思います。他の人たちと干渉しあわない生活は当時、理想の生活だったと思うのです。あるいはこれから子どもをたくさんつくって人口を増やしていかなくてはならないという国家的要請にとっても、子どもたちの部屋から夫婦寝室を独立させるという寝寝の分離は有効だった。つまり戦後の復興住宅の存在理由は住宅そのものも、部屋の構成原理もプライバシーだった。51C型の鉄の扉は、防災のための住宅、プライバシーのための住宅の象徴だったと思います。でも、その扉を閉じると、外部から隔離されて完全な密室になる。それが周辺との関係をつくる上で障害になるという発想は、当時はなかったと思います。「そうした住宅のつくられ方と関係なく、住人たちはお互いの家を行き来するように住んでいましたよ」と鈴木先生には一蹴されましたけれど。しかしそうした密室のような住宅が大量に供給されるようになり、それが身体化することで、私たちのプライバシーに対する意識は決定的に共有されるようになったと思うのです。都市生活にとってはプライバシーこそが重要であるという、いまの私たちの感性をつくったのは確かに住宅なのです。

……

平山——建築計画学の分野では、戦中・戦後に世帯の住まい方が研究され、住戸のあり方が提案されましたが、それをどのように配列し、つなげるのかという住宅の集まり方にまでは関心が及んでいなかったように思います。戦前の方が住宅の配列のし方に関心があったと思います。同潤会アパート[7]などの例もあります。

……

山本——そうですね。同潤会アパートの最上階には単身者の住む部屋が並んでいたりしてバリエーションも豊かだし、共

6——51C型の住宅：東京大学の吉武研究室により1951年に設計された公営住宅の標準的な間取り。
2DKの原型となり、戦後日本の集合住宅のモデルとなった。
7——同潤会アパート：関東大震災後、
財団法人同潤会が東京や横浜に建設した鉄筋コンクリート造集合住宅

同のお風呂や食堂もあった。それが戦後になると一気に51C型のような、2DKタイプになってしまう。平山さんの著書に、神戸でも震災前には住宅は地域社会に深く関係していたのに、震災後に復興住宅は外との関係を失ってしまったという指摘があって、興味深く読みました。戦争や震災の後に同じようなことが起きているわけです。住宅の供給サイドからすると、大量供給のためには相互に関係し合う住宅モデルをつくるのは難しい。相互関係を重視すると地域特性や地形によって住宅のつくり方が変わってきますから、標準化が難しくなるわけです。

住宅は社会のストックである

平山――日本には集住のかたちを社会のストックにしていくという考え方がありません。しかし、「地域社会圏」のような提案は、公的な資金を使わなければ実現しないと思いますね。

……

山本――住宅を社会的なストックにするためには公的資金は絶対に必要です。そして住宅は都市をつくるもっとも重要なファクターなのですから社会的なストックであるべきです。民間ディベロッパーの利潤のためにつくられているわけではないのだと思うのです。「地域社会圏」では公共の資金がイニシャルコストの1/3程度補填されるという前提で計画しています。勿論最終的には家賃から返済されるのですが、公的資金が入れば資金繰りはかなり楽になり、良質な賃貸住宅を供給できる可能性が一気に高くなります。

先日横浜市の行政の人たちにこの話をしたら、なぜ地方自治体が住宅の供給にお金を出さなくてはならないのか、住宅は個人の責任だと思うという人がいて、住宅＝持ち家という考え方がここまで浸透しているのかとちょっと愕然としました。

……

平山――アメリカの人みたいですね（笑）。オランダでは、社会住宅、広い意味での公的賃貸住宅が全住宅の35％を占めます。イギリスでは、サッチャー政権になってから、公営住宅を売却する政策が進みましたが、それでも、約2割が公的な賃貸住宅です。日本は、公営住宅が4％、公団が2％ですので、公的賃貸住宅が非常に少ない[8]。

公的住宅をほとんど建てない、という国際的にめずらしい住宅政策が可能であった理由の一つは、社宅があったからです。会社が社員に住まいを供給するという方式が、日本の住宅供給のシステムを特徴づけています[9]。政府は、公的な賃貸住宅を建てるのではなく、税制などを使って、福利厚生制度の構築を促進し、社宅システムの形成を誘導しました。会社というグループを単位として住宅の問題に対処しようとした、ということです。住宅を必要とする人は、個人としては助けを得られず、会社というグループのメンバーとして保護された。

……

山本――実際日本における公共住宅は極端に少ないですね。もっと多いと思っていました。戦後の団地のイメージが大きかったからですね。また零細企業は社宅を持つことはできませんよね。

平山――会社の規模によって、福利厚生制度の水準には大きな差があります。中小企業は社宅を持っていません。どういう会社に所属しているのかによって、住宅事情に大きな違いが生じます。

……

山本――その上社宅のない人のための公共住宅もない。

……

平山――それは、社会に開かれた普遍的な住宅としての社会住宅が少ない、ということです。会社の福利厚生制度は、その会社のメンバーだけを対象とします。しかし、個人としての人間を大切にし、その個人を普遍的に助けるための社

	持ち家	社会住宅賃貸	民営住宅借家	その他
オランダ	54	35	11	0
イギリス	69	21	10	0
スウェーデン	46	18	21	15
フランス	56	17	21	6
日本	61	6	27	3
アメリカ	68	2	30	0

(%)

8――住宅所有形態(2000年代前半)

出典:平山洋介『都市の条件』(NTT出版、2011)

年	持ち家	公営借家	公団・公社借家	民営借家	給与住宅(社宅)	計(住宅数)
1978	60.4	5.3	2.2	26.1	5.7	32,188,700
1983	62.4	5.4	2.2	24.5	5.2	34,704,500
1988	61.3	5.3	2.2	25.8	4.1	37,413,400
1993	59.8	5.0	2.1	26.4	5.0	40,773,300
1998	60.3	4.8	2.0	27.4	3.9	43,922,100
2003	61.2	4.7	2.0	26.8	3.2	46,862,900
2008	61.1	4.2	1.9	26.9	2.8	49,598,300

(%)

9――日本の住宅所有形態の推移

注:1_公団は現在の都市再生機構。/2_計は不詳を含む。

出典:平山洋介『都市の条件』(NTT出版、2011)

会住宅が少ない。ここには、個人を大事にするのではなく、グループを重視し、そのメンバーとしての人間を支援する、という日本のシステムの特徴が表れています。

……

山本――平山さんは『不完全都市』[10]で残余化ということを何度も言われています。持ち家がメインストリームであったとしても、持ち家を持たない人をサポートする仕組みが本来あるべきなのに、それが残余化されてさらにその量がどんどん小さくなっているということでした。「一住宅＝一家族」単位で持ち家が基本ですから、それ以外の人たちに対するサポートシステムがうまくつくれないのだと思います。

……

平山――日本では、結婚した人は、税制や社会保障制度で有利になりますし、企業に勤めている人は、結婚すると、家族手当を受給し、社宅入居の権利を与えられます。大企業の社員は、会社からお金を借りて家を買うこともできた。しかし、定型のパターンに乗らなかった人、乗れなかった人に対する社会のサポートはきわめて手薄です。

……

山本――大きな会社でも単身者は社宅ではなく寮に入りますね。

……

平山――はい。寮に関して注意したいのは、居住可能な年数がたいてい決まっている点です。これは、寮に入った社員は退寮期限までに結婚する、という想定にもとづいています。人の生き方にはいろいろあるわけですが、日本では、いつ頃までに結婚して、いつ頃までに家を買って、というようなパターンの標準化が顕著で、そのシナリオに沿って、暮らしの制度ができています。ですから、標準パターンのライフコースに乗らないと生きにくい。

……

山本――メインストリームに乗れなかった人たちに対する救済策の比重がどんどん小さくなって、ほとんどゼロに近くなってきている。最近たまたま新聞で読んだ記事は兵庫県伊丹市の例で、お母さんが91歳で娘が71歳で、無理心中してしまったというものでした。娘に障害があって、お母さんも高齢で生活が立ち行かなくなってしまったようです。これは住宅問題だと思います。こうした人たちが「一住宅＝一家

10――平山洋介『不完全都市――神戸・ニューヨーク・ベルリン』(学芸出版社、2003)

族」という形式の密室のような住宅に住んでいることがおかしい。民間の借家に住むとしたらさらに苦しいはずです。

……

平山——住めるとしても劣悪な住宅であろうと思います。

……

山本——借家がダメだとすると、公共の住宅は6%しかないわけですから、そういう人たちは住むところがないわけですよね。

……

平山——おっしゃるとおりです。住まいの安定を得ようとするのであれば、家を買うしか方法がない。持ち家以外の選択肢がほとんどない、というのが日本の状況です。

日本では、高齢者の持ち家率が8割を超えています[11]。これは高齢期に入るまでに家を買ってローンの返済を終えなさい、というシステムが運営されてきた結果です。日本の年金システムは、「高齢者は住宅ローン返済を終えた持ち家に住んでいて、だから住居費は低い」という暗黙の前提のうえに設計されています。家賃を支払うという想定の年金制度ではありません。ですから高齢になるまでに持ち家を取得しなかった人たち、あるいは住宅ローンの返済が終わらなかった人たちは、経済的に不安定な状態に置かれます。なにがなんでも家を買ってローンを払い終えない限り、日本では平和な老後はありえない。

……

山本——仮に高齢で持ち家のローンを払い終えていたとしても、既にかなり老朽化しているだろうから維持管理にお金がかかる。周辺環境との関係も含めて高齢者にとって住みやすい家になっているのかどうか。

……

平山——日本でも、この10年でようやく生活の問題が政治化してきました。暮らしの不安が国会でも議論されるようになった。しかし、市民の一番の関心は、雇用と所得です。雇用、所得、それから医療、福祉、教育の問題まではマス・メディアもとりあげますが、住まいの問題はほとんど議論されない。住宅や建築が社会のあり方を決めるうえで実は大きな

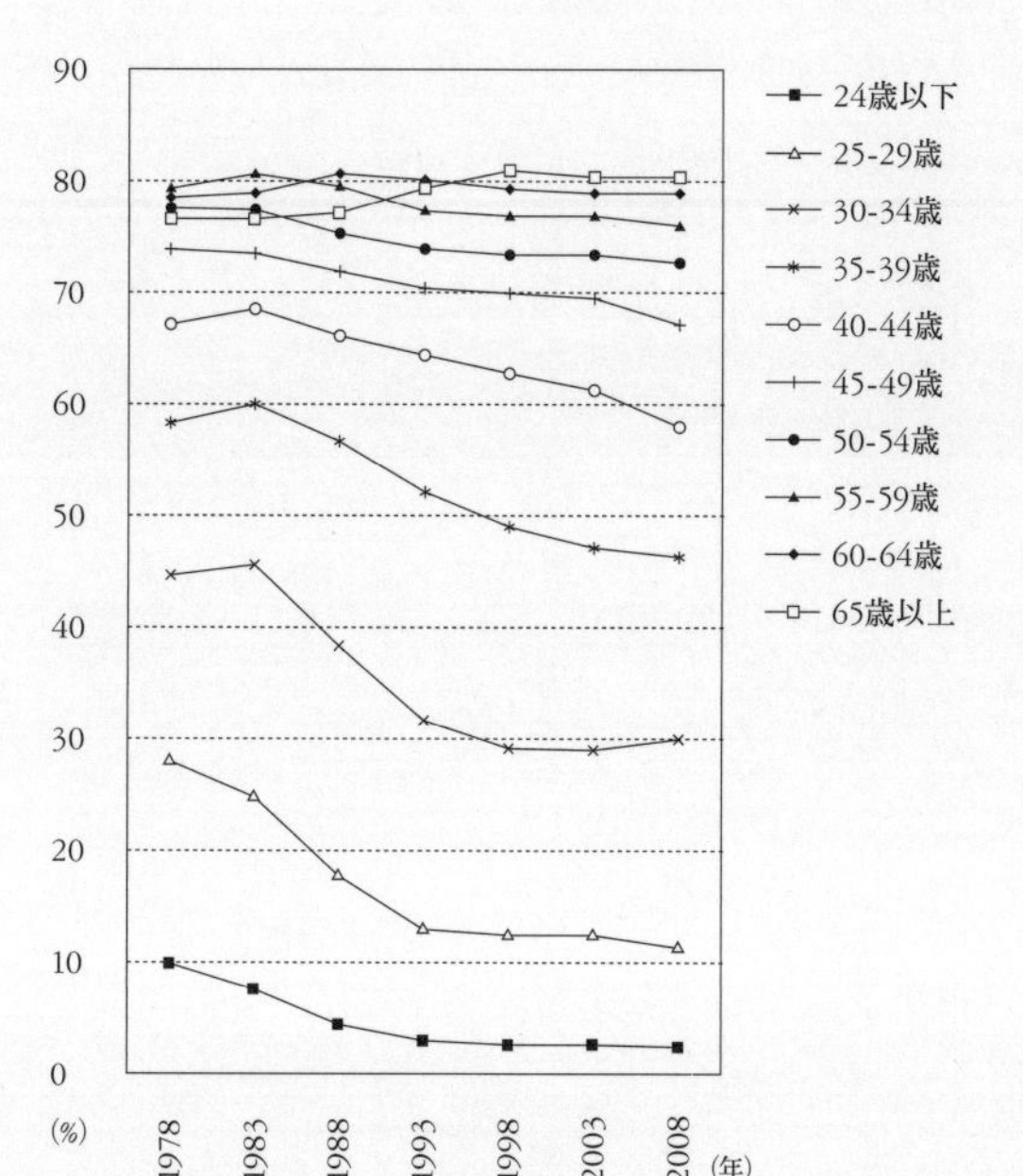

11——家計を主に支える者の年齢別持ち家世帯率
(注:家計を主に支える者は、1983年以前では世帯の主な働き手。)
出典:平山洋介『都市の条件』(NTT出版、2011)

役割を果たしている、ということが認識されていない。ですから社会的な提案を含んだ空間の話をもっとしていかないといけないと思います。

日本では、住空間の豊かさに関する経験が少ないように感じます。空間の価値は、経験しないと分からないのかもしれません。とにかく雇用と所得が大事である、金さえあれば暮らしはなんとかなる、という考え方が支配的です。しかし、ヨーロッパでは、金がなくても住まいが豊かであればなんとかなる、という気分があるように感じます。『不完全都市』を書くときに、ベルリンに長く滞在しました。その頃のベルリンでは、失業率が20%近くになっていました。日本で失業率が20%になったら、パニックになるのではないかと思いますが、ベルリンの人たちは落ち着いているようにみえました。社会住宅がたくさん建っています。そのデザインは、ブルーノ・タウトやハンス・シャロウン、ヘルマン・ヘルツベルハーやロブ・クリエなどの建築家が取り組んだものです。建築デザインの教科書に出てくる集合住宅があちこちにあって、そのほとんどすべてが社会住宅です。住宅をつくるということは、社会的にとても大事にされ、建築家が全力を傾ける仕事になっています。公園もたくさんある。大都市なのに深い森がある。失業者が多くても、社会保障がしっかりしていることに加え、住宅と環境が豊かであることが、社会の落ち着きにとって大変重要な役割を果たしている。誤解を恐れずに言いますと、仕事がしばらくなくても、デザインの良い住宅に住めて、公園と森があれば、落ち着いていられるのではないか、ということをベルリンでは感じました。

……

山本——日本では、住宅は個人の責任だという考え方が完全に定着してしまった。快適な住宅に住めないのは自分の責任で、社会や行政に対して快適さを要求しようとは考えないわけですよね。建築家や、計画者たちも「誰でも快適な住宅に住む権利がある」ということを主張してこなかったし、その提案もしてこなかった。

……

平山——まったくその通りですね。しかしいつまでも住宅をないがしろにしていると、困ったことになると思います。持ち家取得促進に傾いた政策が続いてきましたが、にもかかわらず若い世代では、家を買える世帯が大幅に減っています。所得が低下し住宅ローンの債務に耐えられる人が減少しました。持ち家を買えないのであれば、賃貸住宅に住むしかない。しかし良質な借家は少なく、家賃は高い。高齢者の持ち家率は高いけれど、若い世代の持ち家率が下がっていますので[11]、高齢者の将来の持ち家率が下がることがありえます。高齢者の持ち家率が高いままで推移するとしても、高齢化の進展によって、賃貸住宅に住まざるをえない高齢者の絶対量は、間違いなく急増します。ですからほとんどの人が家を買うと想定し、持ち家に根ざした社会安定を目指すという方針が成立しなくなると思います。

住宅ストックの有効・循環利用

平山——一方、住宅が余るようになりました。空き家率は13%を超えました[12]。首都圏の空き家率を計算すると、縁辺部では空き家率が20%を超える自治体があります。集合住宅では空き家率が40%になるような地域もあります。しかし、他方で住宅がない人がいるという、アンバランスな状態があります。世田谷や杉並では、大きな家に一人暮らしの高齢者がぽつんと住んでいるというようなケースも増えています。これは空家ではありませんが、未利用の空間が増えているということです。

……

山本——横浜の公営住宅でも空き家率が高い。住人は高齢者が多くなっているのに、エレベーターがない。また一人や二人で住むには大きすぎるものも多いです。ニュータウン計画でつくられた70m²-80m²くらいのものも空き家になっています。そうした住宅がさらに老朽化し、耐震補強が必要になればお金がかかります。公共団体は空いた部屋に耐震補強をしないまま入居させるわけにはいかない。ですから空き家率が13%と言っても住めない住宅も相当数含まれているのではないでしょうか。

……

平山——そうです。神戸でもよく問題になるのは、階段室型の5階建ての集合住宅にエレベーターを付けられないかということです。何かいいアイデアがないでしょうか。5階に高齢者が住んでいると、エレベーターがないためになかなか外に出られない。エレベーターを付けようとすると階段室ごとに必要になって、しかも踊り場での昇降になりますので、そこから自宅玄関まで半階分登ったり降りたりしないといけない。お金がすごくかかるのに不満足な結果にしかなりません。このタイプの集合住宅は大量にありますので、なんとか

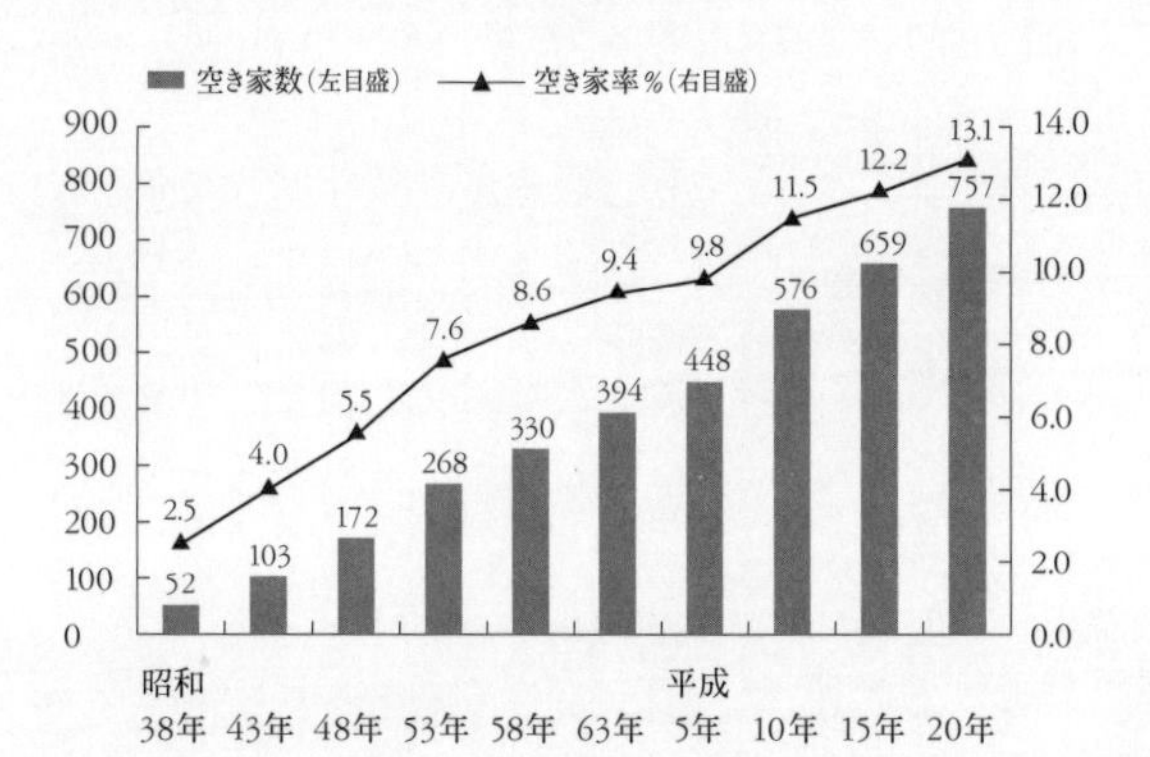

12——空き家率:
「空き家数及び空き家率の推移——全国(昭和38年-平成20年)」
住宅・土地統計調査/総務省

しないといけません。

一方で無駄な空き家が増えていることも事実です。持ち家のストックが増えました。子どもは減ったので、住宅を相続する人が増える。しかし相続後に空き家のまま、という住宅が増えると予測されます。一人っ子同士が結婚して家を買い、両方の親から家を相続すると、3軒の家を持つことになる。ですから家がなくて困っている人がいるのに、一方では家が多すぎて使いようがないという世帯が増える。

持ち家がたくさん建ったのに、そのストックは必ずしも有効に利用されていません。「地域社会圏」のシステムでは、必要なだけユニットを借りて必要に応じてつなぎ合わせて使うという方式が提案されています。これは、家族や地域のあり方に対する提案であると同時に、空間の有効・循環利用に結びつく提案です。ですから「地域社会圏」の住宅は賃貸住宅としてつくり、運営するのが適切だと思います。私有住宅ばかりをつくるのではなく、「地域社会圏」の構築に社会的に投資することが合理的でみんなのためになる、ということを言っていく必要があります。

……

山本——そうですね。持ち家制度は少子化社会になると世代交代がうまくいかない。老朽化した家を継ぐ人がいなくなるわけですから。そうした住宅問題の重要性を多くの人が気付いていない。住宅問題を解決するためにはいまの社会制度全体を見なおさなくてはならないはずですが、そこが理解されていないので「地域社会圏」を説明するのがとても難しい。ですから最初に住居プランと家賃の話から始めようと思っています。

……

平山——住宅問題というのは、たとえば失業問題に比べると劇的さの度合いが低い。しかし住宅問題は少しずつ確実に、社会に対しボディブローのように影響します。たとえば家賃支出という出費は、弾力係数が低いという特徴を持っています。給料が急に下がるとき、食費を切り詰めたり、服を買うのを止めたりすることはできますが、家賃はそう簡単に下げられない。住居費負担の重さは世帯の経済を確実に弱らせます。給料を上げろという要求は、あちこちでなされます。しかし給料を上げるより、家賃を下げるほうが生活の安定に効果があると思います。

……

山本——今回の提案では経済学者の松行輝昌さんに協力してもらい、どれくらいの費用がかかりどれくらいの期間で回収できるのかという事業モデルも考えました。横浜市住宅供給公社にヒアリングをして計算しました。イニシャルコストの1/3を行政が補助するという計算になっています。「地域社会圏」の社会的な意義を具体的に示すことによってその補助金の正当性を説明しようと思っています。

……

平山——持続可能な社会をつくるうえで、住まいの新しいあり方に投資することが重要な効果を持つことを示していく必要があります。今後、高齢者が急増すると、社会安定を保てるのかどうか。政府や自治体は、高齢の借家層が増えるとどういう事態が起こるかを想像すべきで、その不安を

「地域社会圏」の建設で吸収できるのであれば、それに対する投資は合理的です。

一方若い世代では、結婚や出産が減りました。出生率の低下は、社会の持続を脅かします。子どもを持つかどうかは、個人が決めるべき問題です。しかし、子どもを持ちたいのに、そのための環境がないというのであれば、その環境をつくるための政策が実施されるべきです。結婚・出生減少の原因の一つは、住居費負担の重さです。いま、親の家に住む若い人たちがどんどん増えています。所得が低下し、家賃は高い。だから、親元に住み続ける。いったん独立し、給料が下がって、親の家に戻った、という若者も増えています。親の家に住んでいたら、女の子を引っ張り込んだりできませんから、子どもなんか生まれるはずがない(笑)。デンマーク、スウェーデン、フランスでは、住宅政策は、少子化対策の一環として位置づけられ、若者に対する家賃補助の制度があります。これは若者をとにかく親の家から出して独立させる、という主旨の制度です。

『都市の条件——住まい、人生、社会持続』という新しい本では、住まいのあり方が社会持続の成否を左右するということを書きました[13]。住宅が社会の持続可能性に与える影響を考えますと、その改善に税金を使っても割に合うのです。低家賃の良質の住まいが増えると、どういう社会になるのかを想像してみるとよいと思います。もっとたくさんの若者が親の家を出るのではないか。結婚と子どもが増えるのではないか。高齢者の貧困が減るのではないか。「地域社会圏」は、社会住宅としてつくる、あるいは公的住宅の建て替え事業に導入し、社会持続の手段として位置づけるという方向性がありえると思います。

13——『都市の条件——住まい、人生、社会持続』(NTT出版、2011)

家を所有するというリスク

山本――西山夘三が『これからのすまい』（相模書房、一九四七）で、大家族で住んでいると若い夫婦は窮屈でたまらないと書いています。二人だけでいられる場所がどこにもない。西山夘三の食寝分離論はそこにきっかけがあった。51C型を考えた吉武泰水さんもそうだったと思います。35㎡くらいのなかで、夫婦の寝室をいかに確保するか、四苦八苦してつくった。夫婦の寝室をつくることに関しては頑張ったけれど、その家族全体が外側と関係しているユニットでもあることをほとんど考えていなかった。51C型や2DK、公団住宅の空間設計からは、隣の人が関わったり、誰かが助けてくれたり、お互いに助け合うという関係は排除されていた。それに代わるものがプライバシーでありセキュリティだったわけです。

……

平山――閉じた住宅のなかに専業主婦がいて、子どもやお年寄り、夫の世話などのすべてに対応し、世帯が私的に完結するというモデルですね。しかし、夫婦関係を含む核家族世帯は減少しましたし、夫婦中心世帯でも、専業主婦を含む世帯は減りました。ですから、専業主婦を中心として世帯を完結させるというモデルは、もはや成り立たないと思います。女性が年収130万円以上稼いでいる家庭も増えています。

……

山本――年収130万円未満だと社会保障上有利になるのですよね。

……

平山――そうです。この制度は、女の人たちを家庭につなぎとめる仕組みの一つでした。しかし、閉じた住宅のなかで専業主婦がみんなの世話をするという構図が壊れてきている。それを反映して、いくつかの制度は変わってきています。介護保険は、高齢者を家族で介護することがもう無理になってきていることを国が認めたというシステムです。また「子ども手当」が画期的だったのは、子どもは家庭だけでなく社会でも育てるという考え方を示したことでした。閉じた世帯を単位とする、という方式がこれまでの日本のさまざまな制度の根本にあったのですが、そこに綻びが出ています。このことは、住宅のあり方にも影響します。

……

山本――実際にいろんな矛盾が起きていますよね。僕は家を所有することに問題があると思います。マンションでも一戸建でも、持ち家はリスクもメンテナンス費もすべて自分で負担しなければいけない。供給する側は、リスクも一緒ですとは言いません。実際住宅は27-28年くらいで建て替えされているようですが、その間に払うメンテナンス費も膨大です。空調設備はマンションだったら25年で新しい設備に替えます。さらに保険などのリスク負担も入っている。神戸でも震災後、二重ローンに耐えて家を建てられる人はわずかしかいなかったでしょう。

平山——その通りですね。持ち家を買うことは同時にリスクも買うということです。このリスクが拡大しました。災害の増大は、その代表例です。私は、16年半ほど前に、神戸で大地震に直撃され、住んでいたマンションが潰れてひどい目に遭いました。しかし賃貸でしたので、引っ越せばいいだけの話でした。身軽に動けるというのは、災害時には重要だな、と感じました。それはもう大変なことになったと思います。実際、神戸の震災では、分譲マンションの建て替えで苦労された方が多いのです。お金の調達をどうするのか。建て替えに賛成の人と反対の人の意見をどのように調整するのか。建て替え期間中の仮住まいをどうするのか。たくさんの課題がありました。話し合いがこじれて人間関係が壊れてしまうという不幸な状態になった被災マンションもあります。

持ち家のリスクを考えるとき、とくに問題が大きいのは、東京にたくさん建ったタワーマンションです。タワーマンションでは、竣工から何年か経つと、管理・修繕コストが急増します。機械に頼っている部分が多いので、修繕コストが大きくなる。共有部分がゴージャスですので、大規模修繕の費用が高くなる。区分所有者がものすごく多いうえに、いずれ高齢化などで低所得化する住民が増えます。そういうタワーマンションの建て替えは、想像さえ難しいです。多数の区分所有者の話し合いをまとめるのは、ものすごく大変です。というよりほとんど不可能です。超高層の分譲マンションには、こういった大量のリスクがあります。

山本——超高層マンションの外壁の補修、設備関係の大規模修繕のコストはかなりの額になると思います。

平山——戦後の日本で持ち家中心のシステムが成り立ったのは、地震があまりない時期だったからだという説さえあります[14]。

山本——国家が巧みに「持ち家」という夢を持たせて誘導していった。

平山——メンテナンスや災害を考えれば、持ち家のリスクは無視できません。社会的に利用可能な住宅を増やし、そのストックを循環的に利用できれば経済的にもうまくいく。

山本——むしろ社会の負担が少なくなるということですね。

平山——戦後日本は、大量の住宅を建てました。しかし戦後に建った住宅の半分はすでに滅失しています。建てて壊して、また建ててという方式をとったからこそ経済が伸びたという見方をする人がいますが、環境や生活の視点からすれば、寿命の短い住宅は資源浪費としか言いようがありません。

また持ち家の大量建設の背景には、経済が成長し、人口と結婚が増え、たくさんの人が家族をつくるという条件があ

14——牧紀男『災害の住宅誌——人々の移動とすまい』(鹿島出版会、2011)参照

りました。しかしこの条件は、すでになくなっています。持ち家一般が悪いと言っているのではありません。経済・人口の変容を考慮に入れると、持ち家一辺倒の住宅政策は、これからの社会には適合しないということです。賃貸住宅にも力を入れて、持ち家と賃貸に対する政策支援のバランスのあり方を再考する必要があります。

昨年暮れに、イギリスの雑誌「エコノミスト」で「ジャパンズ・バーデン(日本が背負った重荷)」という特集がありました[15]。日本では高齢化の速度や人口の減り方が世界一で、20年にわたって経済停滞が続いている。経済大国・日本がいまやボロボロになっているという内容でした。しかし、この特集は、日本の苦境を紹介するだけではなく、多くの国が少子・高齢化と低成長の時代を迎えるなかで、日本が苦境をどのように克服するのかに注目しようと呼びかけていました。20世紀後半の日本は、めざましい経済成長で注目されました。21世紀の日本は、社会持続のどのようなモデルをつくるのかという点で新たな注目を集めると思います。

そういうときに、私は空間や建築の提案こそが重要と思います。20世紀初頭のモダニズム建築は、経済成長と人口増加の時代のなかで新しい空間のあり方を提案し、そのイメージが社会に共有されていった。建築が社会を映しだし、建築が社会を変える力を持っていたと思います。社会のあり方が大きく変化しているいま新たな空間を提案すべきだと思いますし、日本がその「重荷」を乗り越えるために、住宅建築をどうするかを示すことは国際的にも意味のある仕事です。

山本——ヨーロッパも19世紀の終わりから20世紀の初頭にかけて、新しい生活の仕方への提案がされましたが、その後、現在まで新たな空間の仕組みやその供給システムを含めて建築

15——*The Economist*、2010年11月20日号、
特集:Japan's burden

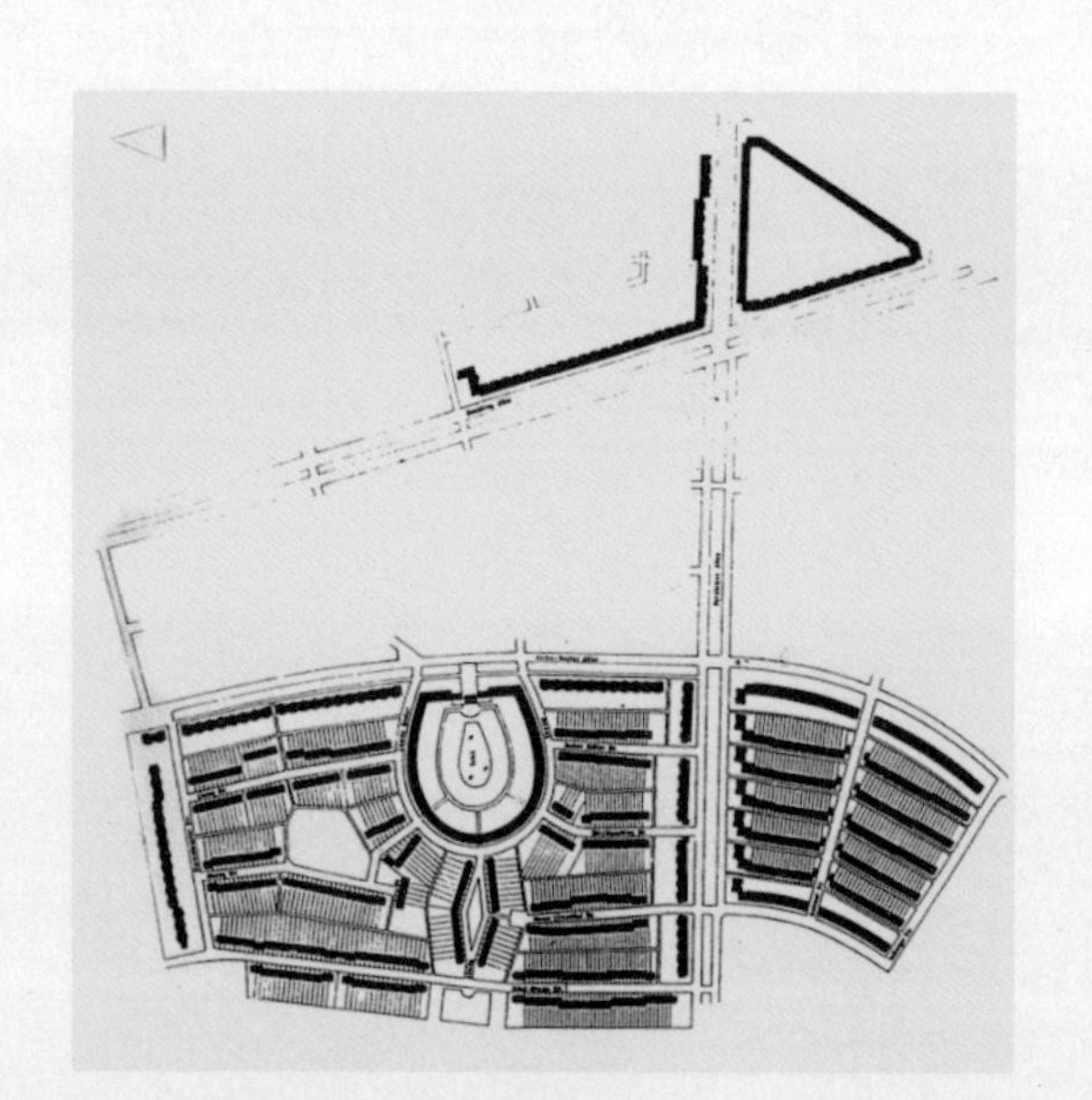

16——《ブリッツ・ジードルンク》(1925-30)
引用出典:マンフレッド・シュパイデル他『ブルーノ・タウト 1880-1938』
株式会社トレヴィル、1994

家の側から提案するという動きはみあたらないですね。

平山――20世紀初頭、両大戦間期、多くの建築家が多彩な提案をしました。この時代の住宅建築に関する提案は、社会住宅の建設に連動していました。ブルーノ・タウトの《ブリッツ・ジードルンク》[16]にせよ、ル・コルビュジエの《ユニテ・ダビタシオン》にせよ、重要な建築は社会住宅でした。それは、20世紀の風景を変えるほどの力を持っていました。

用途混合、職住混合

山本――住宅問題はそのパッケージの内側のつくり方だけでは解決できません。その住宅がどのような地域社会に接しているのか、どのような道路に面しているのかとセットで考える必要がある。私の育った家は薬局で小さな商店街のなかにありました。1階が店舗で2階に住んでいました。しかし50年代に区画整理があり、4メートルの道路が16メートルに一気に拡幅され商店街というよりただの道路になってしまった。区画整理後につくられた建物は戸建の専用住宅か4-5階建ての雑居ビルで、住み方も変わり、生活がそれぞれの住宅のなかに閉じていった。そのとき、一つの地域社会がなくなってしまったと思いました。町並みと住宅のつくり方はセットです。住居専用地域などの用途地域が決められ、専用住宅だけに限定された地域をつくってきたことは、ハウスメーカーにとっては商品を標準化するのに大変都合がいいわけですが、そういう供給サイドに立った住宅政策だったのではないかといまにして思います。

平山――神戸の震災のとき、仮設住宅でたこ焼きを焼きだしたおばさんが、翌日には取り締まられていました。用途の区別は、工場と住宅が一緒だと健康上の問題が発生するという問題から始まりました。ところが、都市計画制度の形成のなかで、用途混合はすべて悪い、ということになってしまった。これは、目的と手段の混同です。用途純化それ自体はあくまで手段であって、それ自体を目的とすべきではありません。制度というものはいったん成立すると自動的に運営され、そもそも何が目的であったのかを忘れさせます。仮設住宅のたこ焼き屋は誰にも迷惑がかからない。みんな喜ぶし、おばさんにも収入が入る。ところが用途の混合はいけないと法律に書いてあるので、取り締ってしまう。

山本――東雲キャナルコートでも住居のガラス張りのスペースでマッサージ屋さんを始めた人がいたのですが、それもすぐ取り締まられてしまった。用途混合禁止の縛りを外すことができれば相当に変わります。自分の住む場所で商売ができれば、生活やコミュニティのあり方も変わってくるし、経済を地域社会の内側でつくることができる。

……

平山——アメリカの母子世帯向けの住宅プロジェクトには、母子世帯が住む住戸と保育所をつくり、子どもを保育所に預けて、かつお母さんがそこで働けるという、子育て、住宅、雇用の問題状況をまとめて解決しようという試みがあります。20世紀の住宅理論では、住宅は住むという行為だけに対応する空間とされました。用途純化の考え方は職住分離を促進しました。しかし「働く」と「住む」の関係を見直すべき時期に入っていきます。「地域社会圏」は、住空間のなかに働くという要素が入ってくるところが面白いですね。

……

山本——そうですね。僕は住居のなかに働くという要素がなかったらむしろそれは欠陥ではないかと思います。

……

平山——これまで働く場所をつくることはオフィス街の設計の話であって、住宅設計の守備範囲ではないということになっていました。

……

山本——近代社会の都市、インフラ、住宅のつくり方が、管理する側に一方的に都合のよいかたちになってしまっているんだと思います。

被災地の住まい

山本——震災後の神戸を調査した平山さんのお仕事は大変貴重で、東北でまた同じことが起きる可能性があると思います。結局民間のハウスメーカーとディベロッパーが建物をつくっていくことになる。高台移転といっても、高台が造成されて専用住宅、戸建住宅が並んでいく。あるいは海の近くでもマンションは丈夫だという仮説の上で、1階部分はピロティのようなものにして、上のほうに住むというようなことになる。そういう乱暴なことになっていくと思うんです。

平山——漁業に従事する人が高台に上がって、ハウスメーカーの家に住んで、そこから海に通勤するというのは無理があると思います。

……

山本——高台を造成して移転をして、そこに戸建住宅をつくるのはこれからの社会をつくる方法としては適切ではありません。被災地の高齢化率は30%を超えています。今後さらに高齢化は進むはずです。そこに戸建住宅群をつくるというのはまったく矛盾している。高齢者と一緒に住むような町をどうつくるのか。できるだけ集合化して、お互いに助け合うことができるような住宅をどうつくるのか。それが建築家の仕事だと思います。ある程度密度を上げてヘクタールあたり200人程度の人が住むような住宅群を考える。単に住宅として使うだけではなくて、お店にもなるような仕組みをつくる。そういう住宅群を造成工事と一体に考えることによって、いままでの考え方とはまったく違う町並みをつくることができます。そのためにはその場所ごとのきめの細かい計画が必要ですが、多くの建築家が参加すれば難しいことではありません。被災地の復興住宅でこそ「地域社会圏」の考え方が求められているはずなのです。

……

平山——被災地では、公営住宅の建設が重要な課題になります。その建築のあり方をきちんと検討する必要があります。高齢者が多く、漁業に携わる人もいる。どういう住民がどういう生活をするのかを具体的に想定し、住戸を並べるだけではなく、住民同士の関係をどうやってつくるのかを考え、そのための共用空間をデザインする必要があります。震災で大変だから、急がないといけないということで住戸を単純に積むだけの設計をしてしまうという事態は避けなければなりません。

所有から生活を解放する

仲俊治——「地域社会圏」研究に関わってきた仲俊治です。日本では戸建への憧れが強く、集合住宅に住みたがらない傾向があると思います。あるいは、戸建の場合は、庭やルーフデッキ、縁側など、戸外生活を楽しみたいということが住宅の形につながっているけれども、集合住宅になった途端に、非常に完結的な住居になる傾向があると思います。それはなぜだとお考えですか。

……

平山——少し雑な答えになってしまいますが、大陸ヨーロッパの人たちは、昔から集合住宅に住んできました。それこそインシュラ[17]に住んでいたローマ時代から、長い年数をかけて工夫を重ねてきました。ベルリンでは、中庭を囲んで6階建てにするとか、都市ごとにパターンがあります。これは、それぞれの都市の文脈に根付いた空間の型がある、ということです。

日本の場合は、江戸時代でも低層の長屋で集合する空間システムがあったと思います。しかし、RCが入ってきた途端にどうやったらいいか分からなくなった。それがまだ続いていて、

17——インシュラ:古代ローマの賃貸集合住宅。
6-7階建ての大規模なもので1階が店舗、上層階が住居になっていた。

集合住宅をどうやって設計し、そこにどうやって住むのかがまだ安定していないと思います。日本に根づいた集合住宅は、団地とマンションです。団地には、プロトタイプがあります。それをどのように評価するかは別にして、決まったパターンがある。しかし、マンションなどの市街地の集合住宅は、たとえば「東京の集合住宅はこういうパターン」といえるような空間構成の定着には到達していません。

……

仲――集まって住むということを支える現代的な規範と建築形態が見つけられていない、ということでしょうか。そのため居住者が増えただけ閉鎖的になる、ということかもしれません。

平山さんがおっしゃった「所属のフレキシビリティ」は、まさに僕らが「地域社会圏」でチャレンジしようとしていることだと思いました。物理的にも感覚的にも何かを固定化してしまうことを避けて計画しています。具体的には、ユニットに至るアクセスを複数つくり、いくつかのファシリティを異なる単位で共有し、さらにはユニットの借り方によっては玄関が二つあるなど、流動性や選択性を増やそうとしています。所属のフレキシビリティを高めるために他の方法はあるでしょうか。

……

平山――アクセスの複数性は重要だと思います。それに加えて、少し違う角度から言えば、所属のフレキシビリティを高めることは、持ち物を減らすことに関係があると感じています。20世紀後半の日本の家族は本当にたくさんの物を買いました。閉じた住宅のなかで、応接セットや大きなテレビ、冷蔵庫、ステレオセット……と次々と私物を増やしていった。たくさんの物が、家族への所属、住宅への所属を促進し、支え、象徴していたのだと思います。しかし、最近では、若い人たちの所有欲が減っているそうで、それは単にお金がないという理由だけによるものではないという説もあるそうです。それが本当かどうか、専門ではないのでうかつなことは言えませんが、物をたくさん買うことが幸せを意味した時代は終わるだろうという予感はあります。「地域社会圏」の模型と図面を拝見していますと、少ない所有物で楽しく住む、あるいは「軽く住む」といったイメージが沸いてきます。共用空間を増やし私物を減らすことは、所属のフレキシビリティを高める効果を生むと思います。持ち物を減らし身軽になることで、暮らしや人間関係の新しいあり方が生まれるのではないでしょうか。バブル期の女子大生はブランドのバッグを持っていることを自慢していました。いま、私の研究室の女子学生は、お金がないということもありますが、700円で買ったシャツを楽しそうに自慢しています。

……

山本――「地域社会圏」では大きなストックルームをつくり、普段あまり使われないものはそこにしまっておく。それによって住む人が地域社会圏内で引っ越ししやすくなるといいと思っています。以前調査したことがあるのですが、戸建住宅は床面積の4割くらいが物で埋まってしまっている。椅子やテーブルもカウントしていくと、人間が動き回る場所が非常に少ない。ワンルームマンションになるともっとひどくなります。だから所有の問題は考えていかないといけないですね。

車もカーシェアリングすると駐車場は圧倒的に少なくてすみます。

……

平山――私は生まれて50年ちょっとですが、そんな短い間でも空間と社会は変わるものだと実感しています。

……

山本――いま、すごく変わってきていますよね。一人ひとりの感覚や考え方が変わってきている気がします。ただ国や地域全体を運営する行政の仕組みはなかなか変わらないし、家族単位で住んだほうがより安定した社会ができると思っている人も未だに多い。国単位や家族単位でしか考えられずに、昔に回帰していくような人たちもいます。でももはやそんなことを言っていられない。家族の内側だけで助けあうという仕組みは現実にはもはや不可能です。国家の側のセーフティネットは益々脆弱になって行くと思います。地域社会の中で助けあうような仕組みをつくるしか方法はないと思うし、すでにそういう活動を始めている人たちもあらわれている。確かに変わり始めていると思います。

そのときにどのような空間を私たちは提案できるか。こんなところに住めたらいいなぁと思えるような空間を私たちは描けるのか。それがいま、本当に期待されていると思います。

……

平山――社会状況も個人の意識も大きな変革期を迎えているいま、建築がもう一度社会と接続し、建築によって新しい暮らしや社会の像が描かれる。それが多くの人たちに共有され、風景を変えていく。そういう可能性が生まれていると思います。

……

二〇二一年八月八日、「LIXIL:GINZA」で収録

対談

a dialogue

おひとりさまたちの共住

Cohousing for Singles

上野千鶴子

Chizuko Ueno

×

山本理顕

Riken Yamamoto

地域社会圏主義

住宅もまた施設である

上野――「地域社会圏」を拝見して、建築家はドリーマーで社会学者はくそリアリストだと改めて思いました。

……

山本――「くそ」はつけなくてもいいと思いますけど(笑)。建築は構想したものがそのままできあがってしまいます。ですから構想そのものがより現実的であるように強い規制が働きます。多くの場合それは前例主義の圧力です。建築は多くの場合ゴリゴリの現状追認なのです。でも住環境に関して言えば、もはやその政策そのものが破綻していると言ってもいいと思います。これからどのような場所にわれわれは住むことができるのか、その未来の住まいについて建築家として考える義務があると思っています。それが単なる夢みたいなものなのか、リアリティがあると多くの人に思ってもらえるのか、それが厳しく問われると思います。今日はそのリアリティについて上野さんと話ができたら良いと思っています。

……

上野――そうですね。重要なのはリアリティとドリームの間でどのように戦うかということです。最近山本さんがお書きになった論文を読んで、共感しました。住宅も施設だとおっしゃっていて、これには目からウロコが落ちました[1]。現在、高齢者住宅問題をめぐって、「高齢者住宅は、住宅なのか施設なのか」という議論があります。この二項対立に見られるように、施設は住宅の対極にあるものだと考えられてきました。しかし山本さんの論文を読んで、住宅もまた施設の一種なのだという前提から出発すべきだと思いました。これは私領域も公的につくられたものだというこれまでの家族研究の成果とも一致します。

岡本和彦さんという施設建築の専門家が「施設度」という概念をつくっています[2]。「施設度」とは、空間の孤立性と時間の規則性、人間の集団性と画一性で測定します。集団が孤立していて、空間的時間的に統制されていると「施設度が高い」ということになります。そしてそのなかで生活が完結してしまうことを、岡本さんは「施設の世界化」と呼んでいます。その典型が監獄で、その次が強制収容所ですね。高齢者施設に閉じ込められる高齢者にも同じことが言えます。心理カウンセラーの信田さよ子さんに『家族収容所』(講談社、二〇〇三)という卓抜なタイトルの本がありますが、家のなかで生活が完結してしまう妻にとっては、住宅が収容所です。完全に管理されてずらっと並ぶ標準化された住宅は私領域と呼ばれていますが、実のところは小規模な施設の集合ではないか。住宅と施設という二項対立を外して、住宅も施設だと考えると、これまで行なわれてきた福祉系住宅についての議論も見直すことができるかもしれないと、興奮しました。

1――山本理顕「建築の施設化」『atプラス06』(太田出版、2011)

2――長澤泰、伊藤俊介、岡本和彦『建築地理学――新しい建築計画の試み』(東京大学出版会、2007)参照

山本――興奮してくださって嬉しい(笑)。

私は「施設化」と言っていますが、管理する側からの視点だけでつくられた空間が「施設」と呼ばれるのだと思います。あらゆる都市空間はできるだけ管理しやすいように組み立てられます。いまのご指摘のように「孤立化」させ「自己完結性」を高めて、「標準化」していけば、管理する側には極めて都合のいい空間になります。多くの公共施設はそのようにできあがっています。そして住宅もまたそのようにできあがっています。一つの住宅に一つの家族が住む、という住宅を標準住宅として定型化して、それを大量に供給するという方法は戦後の住宅を最も特徴付けるものです。その「一住宅=一家族」は正に孤立化、自己完結性、標準化を徹底した住宅だった。同時にその住宅供給のシステムは日本の行政システムの根幹でした。「一住宅=一家族」を前提として日本の行政システムは組み立てられてきたのだと思うのです。ところがいま、一世帯あたりの世帯人数は東京23区で2人を切っている。もはや、「一住宅=一家族」は成り立たないと思います。そこで「一住宅=一家族」という生活のし方以外に方法がないのかを考えるようになりました。

……

上野――日本全体は人口減少期に入りましたので、これからは住宅供給がだぶつく状況です。地方ではすでに空き家が増えているし、都心部でもこれから同じことが起きるでしょう。ですから住宅難民は減っていくはずです。こういう状況下ですので、住宅供給を民間ディベロッパーに任せるのは、方法としては間違ってはいないように思います。しかし民間ディベロッパーはあいかわらずワンルームやファミリータイプしか供給していない。数年前、これは設計者、すなわち建築家の怠慢ではないか、と山本さんに申し上げましたが、それは建築家への過剰な期待というものでした。実のところは資本の論理が働いているわけですから。特に住宅が中古市場に流通する場合を考慮に入れると、スタンダードタイプしか流通性を持たないので、消費者側の自主規制がまったく時代遅れになった従来型標準モデルを再生産させるという、プランナー・ディベロッパー・消費者の三すくみ状況になってしまっているのではないか。この観察は当たっていますか?

……

山本――半分当たっていて半分当たっていないと思います。住宅は数だけを見ると確かに供給過剰になっているかもしれない。ただ、その時にカウントされている住宅には老朽化した公営住宅や民間が供給する劣悪な賃貸アパートも含まれている。70-80年代に多く供給されたニュータウンの住宅は1ユニット当たりの面積が70m²-80m²で、少人数で暮らすには大きすぎます。また60-70年代の公営住宅は5階建まではエレベーターもなく、すでに相当老朽化していますので、高齢者が住むにはかなり過酷です。また民間の供給する賃貸住宅や木造アパートなどは設備も環境も必ずしも良好とは言えない。だから本当に住む場所に困っている人、高齢者や低所得者の人たちの住むところがない。住宅は必ずしも十分に整備されているわけではないと思います。住宅はすでにだぶついているというのは住宅問題を単に数量の問題に置き換えてしまう暴論だと思います。

二〇〇〇年頃から持ち家政策はより徹底するようになりました。そして国は公共住宅の供給から撤退してしまった。地方住宅供給公社、都市基盤整備公団は新規の住宅供給をやめてしまいました。二〇〇四年には整備公団は民営化されて都市再生機構（UR）になってしまい、二〇〇七年には住宅金融公庫が廃止されて住宅金融支援機構になった。住宅金融支援機構は民間住宅ローン会社からお金を借りやすくするための保証会社です。こうして法律が整備されて、住宅供給の主体は完全に公共から民間へ移行してしまいました。これは確かに経済成長のためには有効な方法だと思います。お金のない人にも借金をさせて住宅をつくらせる。「フラット35」という35年間固定金利の商品をつくってお金を借りさせる。35年ローンというと40歳で借りると返し終わるのは75歳です。その間自己責任でメンテナンスして、危険負担も自己責任。仮に地震や津波が来て破壊されても国の側はなにも保障しない。

住宅はだぶついているという言い分は、単に国が公共の住宅から撤退するための方便にしか過ぎないと思います。住宅政策が完全に経済成長政策のための道具になってしまっているのだと思います。もはや日本の住宅政策はそこに住む人のためではなくて、民間住宅供給会社の利潤のための政策になってしまっている。民間の賃貸住宅には国の側からのサポートはまったくありません。私たちは持ち家を買う以外、他の選択肢がないような状況に追い込まれているわけで、これは国家的な陰謀だとさえ私は思うのです。

住宅供給を民間ディベロッパーのみに任せるというのは、完全に間違いだと思います。民間の住宅供給会社、ディベロッパーやハウスメーカーの商品は「一住宅＝一家族」という標準住宅かワンルームマンションしか品揃えがない。日本の行政がそれを前提に組み立てられているからです。ですから上野さんのおっしゃるオールドモデルの商品を再生産するしか他に方法がないわけです。そして、高齢者や低所得者たちはそのオールドモデルを購入する対象には含まれていません。民間ディベロッパーは低所得者たちにはまったく興味を示さない。これは三すくみというよりも住宅政策を経済政策としか考えない行政の責任です。

賄い付き年寄り下宿

上野——私はこのところ高齢者介護関連の調査研究をやっておりますが、高齢者は住宅弱者です。「大都市圏で高齢化の津波が来る」というのは厚労省の見解ですが、これから都市部で急激な高齢者の人口増が起きて、そのうちの何%

かが要介護になる。すでに特別養護老人ホームなどの施設では対応しきれず、全国で待機高齢者が42万人いると言われています。そこで、いま怒濤のごとく作られようとしているのが、「賄い付き高齢者下宿」と私たちが呼んでいるものです。もともとケア付き高齢者住宅の基準面積は、1人あたり13.2m²で、ほぼ8畳になりますが、その規制を緩和しようという動きがあります。東京都は土地の価格が高いので、年寄り1人に8畳は確保できないというわけです。東京都副知事の猪瀬直樹を座長に「少子高齢時代にふさわしい新たな「すまい」実現プロジェクトチーム」[3]というものができましたが、このプロジェクトチームの報告書によると、1人あたりの基準面積を8畳から4畳半にしようとしていて、口の悪い私たちはそれを「賄い付き年寄り下宿」と呼んでいます。かつて本郷近辺にたくさんあって、いまは誰も住まなくなった学生下宿のようなものを都は量産しようとしています。少なくとも6000戸はつくるそうです。低コストで劣悪なものになると思います。これは住宅という名の施設そのものですね。そして一度つくってしまえば、建物は急には壊せないので、負の遺産になるのが予想できますから、私たちは反対しています。しかし現実には、いま高齢者賃貸住宅の規制緩和が、「地方分権」の名において、各地で進んでいるのです。東京都は最低基準を8畳から4.5畳へ、他の自治体は6畳へ規制緩和しようとしています。「一住宅＝一家族」どころか、「一住宅＝一個人」です。

山本——「一部屋＝一個人」ですね。

……

上野——そうです。それでもそれを「高齢者住宅」と呼ぶのですよ。高齢者住宅の究極の施設化が進みつつあるのが現状なので、これにどう抵抗していくかは私たちにとって大きな課題です。それに対して今日は山本さんが答えを出してくださるのでしょうか?

……

山本——もちろんそうです（笑）。「高齢者住宅」という考え方は姥捨て山みたいですよね。高齢者だけを集めて特別な住宅をつくるというのは、正に住宅の施設化そのものだと思います。部屋の大きさの問題以前に高齢者を特別扱いすることが問題です。仮に多少広い部屋を高齢者に用意したとしても、部屋がその外側とどのような関係を持っているのか。その外側がどうつくられるのかが問題です。もしそれが外側との関係を持たない密室のようなものになるのだとしたら、いくら賄いつきであったとしても、それは論外です。多くの人たちの日常生活の中に高齢者の生活の場所も用意されるべきです。高齢者の問題は単に高齢者の住宅をどうつくるかという問題ではなくて、私たちの未来の生活をどう描くかという問題なのだと思います。それが「高齢者住宅」という考え方には決定的に欠けているように思います。

3——平成21年に設置されたプロジェクトチーム。
猪瀬直樹副知事を座長に東京都の知事本局、財務局、都市整備局、福祉保健局、教育庁が集まり、
高齢者と子育て家庭のための住まいを考える。
http://www.chijihon.metro.tokyo.jp/sumaipt/index.html

ルームシェア×コーポラティブハウス×コミュニティカフェ

山本――高齢者を含めて、私たちの未来の住宅がどのようなものになるのか。その提案が「地域社会圏」という考え方です。「一住宅＝一家族」という極めて孤立的で自己完結性の高い住宅ではなくて、「地域社会圏」全体を一つの生活圏とするような考え方です。交通インフラ、生活サポート・システム、地域内経済、エネルギー需給システムといった全体を覆うインフラ・システムと一緒に住み方を考える必要があると思います。住宅の問題を単にプライバシーを確保するための箱の問題に置き換えるのは決定的な間違えです。

……

上野――「地域社会圏」提案にはなるほどなぁと納得しました。新しいアイデアというよりは、もっともな提案だと思います。コーポラティブハウスとシェアハウスの中間にあり、それにコミュニティカフェをくっつけたようなコンセプトですね。

コーポラティブハウスは、従来の共同住宅に飽き足らない入居希望者が組合を結成し、その組合が事業主となってつくり、運営する共同住宅です。これまでは突出した能力や資金力のある人にしかできませんでした。一方でルームシェアは、都市の低所得の若者や若者ではない人たちが、既存の建物のなかで、自生的にはじめた独自の共助けの棲み方です[4]。先日学生が入居しているシェアハウスを見せてもらい

4――渋家(シブハウス):渋谷駅近く、地下1F、
地上3Fの5LDKのシェアハウスに15人が暮す。
上:渋家外観
中:渋家2Fリビングルーム、壁一面の共有本棚
下:渋家2Fリビングルーム、個人所有物が
それぞれのボックスに収納されている。
渋家ではほとんどすべての物を共有しているが、
洋服を共有するのが一番難しいという。
撮影:大高隆｜取材・撮影協力:渋家

ました。根津の大きな店舗を改装して使っていました。あまりのことに呆然としましたが、3段ベッドで、25人が一つ屋根の下で暮らしていました。25人がサニタリーをシェアしています。それでもちゃんと住んでいることに驚きました。家賃は2万円台だそうです。オーナーの若者は土地と建物を買い取って運営していますが、25人を入居させたら、1人あたり家賃2万円強でも毎月50万円入りますから、借金してもちゃんと採算が取れる。シェアハウスという用途に対応する建築がなくても、住む側の知恵と工夫とニーズによってつくり出された新しい住まい方です。このシェアハウスのように必要に迫られて既存の建物を利用して寄り合い所帯でシェアしていくものと、コーポラティブハウスのように選ばれた人たちがゼロからプランニングするような特権的なものの両極があります。今回の山本さんのご提案はこの二つの中間にある。だからこそ建築家というプランナーが入る理由があると思います。そしてこの提案には、コミュニティカフェの要素がプラスされていますね。

コミュニティカフェ（略称コミカフェ）はいま全国に広がっていて、全国連絡会もあります[5]。食を中心にした集いの場をつくり、そこで子どもからお年寄りまでへのさまざまな生活ニーズに応えようとするような動きがあります。自治体はさまざまな機能別の施設をつくりました。勤労青少年や女性のためのセンターなど、いろいろつくったけれど、結局そういうところはユーザーにとっては使い勝手がよくない。管理者がいて時間帯も限られる。行政が提供するサービスには限界があります。それに対して多様な制度外のニーズに応えていこうとする人たちが、コミカフェをつくっています。ここでもほとんどの場合、建物は既存のありものを使っています。建物から設計できるところなんて例外中の例外です。

都市も建物も追いついていないところに新しく立ち上がって動き出している活動を、山本さんが鋭敏にキャッチして、それを組み合わせて今回の「地域社会圏」の提案をおつくりになったという印象を私は持ちました。なぜか他の建築家はニーズの鋭敏なキャッチをしてくれないので、その点では山本さんはあいかわらず少数派のようですが（笑）。ただニーズは目の前にすでにあります。都市や建築の制約を乗り越えて、人々の知恵と工夫は走り出しているということを申し上げておきたいと思います。

……

山本——ニーズがあるのは分かっていますし、住む側の知恵と工夫によってさまざまな試みがあるのもその通りだと思います。ところがそれがそれぞれに断片的になっているのだと思います。シェアハウスにしてもコーポラティブハウスにしてもコミュニティカフェにしても、それ自体としては非常に可能性のある試みだと思いますが、それがその内側だけで閉じてしまうと、それ自体が一つの施設のようになってしまう恐れがあります。例えばコミュニティカフェがある地域社会にできたら、周辺の住宅はどう変わるのか。住宅という考え方そのものが変わると思います。「一住宅＝一家族」という住宅とはまったく違う住宅の考え方が成り立つ可能性があります。その住宅群とのセットで考えたいと思うのです。コーポラティブハウスやシェアハウスができることで周辺はど

5——全国コミュニティカフェ・ネットワーク（http://com-cafe.net/）によれば、
コミュニティカフェとは、地域社会の中で「たまり場」「居場所」になっているところの総称。

う変わるのか、その周辺とともに設計する必要があると思うのです。でもいまは「一住宅＝一家族」を閉じた箱としてしか供給していない。それを前提に社会の仕組みができあがっていますから、そうした試みを周辺とともに推し進めるのがとても難しい。制度そのものが足を引っ張っていると言えます。

ですから、単にそれらを組み合わせるだけではなくて、そうしたアイデアとともに、さらに周辺の住宅のつくられ方を変えるとしたらどのような住宅が可能か。そしてそこにはどのようなインフラが考えられるのか。その全体を一つの「地域社会圏」として考える視点が必要です。そしてまた、それを一つの空間として描くことで、こんなところに住めたらいいなあという実感を共有することができる。そのためには空間的な提案が極めて重要だと思うのです。

コミュニティカフェというのは、実際にどのような場所で実現し、どのように運営されているのですか。

……

上野――ありとあらゆる場所です。空き家や商店街の一角を提供してもらったり、マンションの一室を使ったりしていて、ゲリラ的です。NPOをつくっているところもありますが、任意団体や個人でやっているところもあって有象無象です。どこも基本的には食事を提供します。食べるということは生活の基本ですから、食べることさえできればその地域で暮らしていける。高齢者も障害者も引きこもりの青年も、ありとあらゆる人に、食事にいらっしゃいませんかと共食をするんです。

……

山本――食事代は利用者が払うのですか？

……

上野――そうです。ほぼ実費の300円から500円程度です。人件費は出ません。

自治体はほとんど支援していません。まれに支援を受けているケースもありますが、単年度で助成金を出すくらいで、継続性のある支援はしていません。武蔵野市が団体や住民が施設を運営する際に年間1000万円を上限とした補助を出すテンミリオンハウスという事業を始めて、それで続いているところもありますが、いまのコミカフェブームはそれより新しくて、もっとゲリラ的でもっと自然発生的なものです。

……

山本――でも運営側の人たちはコミカフェだけでは生活できないですよね。

……

上野――いろんなやり方を採っています。たとえば普通のカフェのように食事や飲み物を一般の客にも提供したり、収益性のない事業と収益性のある事業を組み合わせて、ギリギリの運営をしています。

……

山本――やはりゲリラ的だと限界がありますよね。そうした活動をゲリラに終わらせないで、一つの制度にして行くためには建築が重要な役割を果たします。「地域社会圏」では、コミュニティカフェのようなビストロがあって、そこでキッチンだけを借りて自前で調理することもできます。ビストロはこの「地域社会圏」のなかに住んでいる人たちだけではなく、周辺の人たちも利用できます。ここでは住宅のことを「イエ」と呼んでいて、「イエ」は「見世」と「寝間」の二つの部屋によって構成されています。「見世」は文字通り小さなお店が開けるような場所です。アトリエに使ってもいいし、事務所でもリビングルームでもいい。「寝間」はただ寝る場所です。この「イエ」はユニット化されています。(p.14-15参照)一つのユニットが15m^3、床面積は5.76m^2、これをいくつでも借りることができます。1ユニットだけで生活してもいいし、2ユニット、3ユニット、4ユニットの「イエ」に住んでもいい。そこに何人住んでもいい。でも、キッチンやトイレやシャワーはついていない。共有です。5-7人でミニキッチンとサニタリーを共有している。それをベーシックグループと呼んでいます。シェア・ハウスですね。そのベーシックグループが6つ集まってエネルギーファームを共有する。太陽光発電、太陽熱利用、ミニボイラーのような自然エネルギーによるエネルギーファームです。そしてさらにそれが4つほど集まって、先ほどのビストロやスパ、ランドリー、倉庫、そしてコジェネレーション発電機を共有する。生活インフラによるグルーピングです。さらにそれが4つ集まって「生活コンビニ」を共有する(p.35参照)。「生活コンビニ」というのは医療、介護、看護、保育などの生活一般のサポート施設と、コンビニと託児スペースなどの生活支援の場所です。そうしたサポート施設が集まることで、そこで働く人たちの労働負荷が相当軽減されると思います。同時に利用する人たちにとっても使い勝手が圧倒的によくなる。

そうした住む場所の工夫を、空間とともに考えるという思考方法が重要だと思うのです。

ハードとソフトを一体化する

上野——最近面白いのは、コミュニティカフェのような動きにUR(都市再生機構)がうまく結びつこうとしていることです。例えば生活科学運営という会社は、日本におけるシニアコーポラティブハウスのパイオニア、高橋英與さんが一九八三年につくった株式会社です。そこがURの一角を借りて複合施設をつくっています。自立型、要介護型、認知症の高齢者のための住まい、地域の高齢者のための施設と多世代のための住まいをあわせた複合型です。生活科学運営は地権者にはならず、土地建物をURに提供してもらうというシステムをつくり出しました。設計段階からプロジェクトに入っているので、彼らの使いやすい建物ができて、それをURからレンタルしています。ただ建物をまるごと借りていますので、資金力がないとやれないことです。

そしてそこはサービス運営にワーカーズ・コレクティブ[6]を入れているところが面白いのです。厨房と介護を担当し、ボランティアにも入っています。市民のグループが自分たちで働き方を自己決定できるようなワーカーズ・コレクティブの組織をつくって、それが運営のなかに入っていることは特筆すべきところです。

地域社会圏ではさまざまなサービスを誰がコーディネートし、管理するのかという問題が出てきます。私はこの「地域社会圏」の提案が、まずは横浜で行なわれていることに意味があると思いました。首都圏の西側、神奈川県寄りにはワーカーズ・コレクティブの長い伝統があります。生活クラブ生協系のワーカーズ・コレクティブは、一九八六年に第1号が誕生して以来、もはや四半世紀の歴史があります。営利だけを追求せず、公共的な視点を持つワーカーズ・コレクティブの活動は「地域社会圏」の力になるだろうと思います。いまコミカフェをやっている人たちは、人手とスキルはあるけれど、インフラと資金力がありません。だからこういう建物をURや公共団体が所有し、ソフトだけをアウトソーシングする仕組みがつくれないでしょうか。

収益性を確保しようと思ったら、介護保険事業をドッキングした方がうまくいきます。安定的な収入が入りますから。だいたい小規模多機能型デイサービス事業所で、特に子供や障害者も受け入れている共生型の施設は、どこも年寄りで稼いで(笑)、他に注ぎ込むというようなやり方を採っています。そもそも介護保険が要介護の高齢者に限定されているのはおかしい。要介護状態——ケアというニーズを持つ人々に、年齢はまったく関係ないはずですから。

本来ソフトとハードは車の両輪ですが、ほとんどの場合、建築は後から追いつくように整備されますね。ソフトのある人たちがハードを後から工夫してつくっていくというかたちが多くて、ハードが先行するという話はいままで聞いたことがありません。

……

山本——要介護の高齢者に限定されるのは、そうした制度をつくってしまっているからですよね。先に制度をつくって建築空間はその制度にあわせればいい、という考え方が日本では顕著です。制度をつくる側はなるべくその制度を単純化したい。さらに行政側のセクト主義は、それをセクトごとに分割して管理するという考え方ですから、どうしても、高齢者、子供、障碍を持った人をそれぞれ異なる管轄において管理したい。それが分割された後に建築の設計者に役割が回ってくるという仕組みになっているので、それに従うしかないというのが実情です。建築の側からその運営方法や管理方法について提案するというのが非常に難しい仕組みになっているのです。行政に限らず、ソフトとハードは車の両輪とはいえ、常にソフトが先行して、ハードがそれに従属するという構図がいまの日本の状況なのだと思うのです。

しかし、建築空間が逆にその使われ方を刺激するということは十分にあると思う。「地域社会圏」でもワーカーズ・コレクティブ的な考え方を採用しています。ここで暮す人が同時にここで働く人になるという考え方です。実際建

6——ワーカーズ・コレクティブについては、
天野正子「「受」働から「能」働への実験——ワーカーズ・コレクティブの可能性」
(佐藤慶幸編『女性たちの生活ネットワーク——生活クラブに集う人々』(文眞堂、1988)に収録)、
上野千鶴子『ケアの社会学』(太田出版, 2011)を参照。

築の発想をする時はソフトとハードが一体的になって区別ができない。その混沌とした状態から新しい発想が生まれます。

上野さんのおっしゃった管理のアウトソーシングには可能性があると思います。行政も住民も参加するような管理システムを考えていく必要があるように思っています。

ライフラインとしての食

上野――生活科学運営が実現したプロジェクトのなかでももう一つ面白いのが、コレクティブハウス「かんかん森」です。建築的には面白くないけれど、コレクティブのコアに据えているのが「食」であるところが面白いんですね。コレクティブクッキングで、みんなで作って、みんなで食べます[7]。ところがこれがうまくいってない。空き室が埋まらないんです。見に来る参観者は多いのだけれど、入る人がなかなかいない。第一の理由は、地域相場に対して相対的に高い。共有スペースにコストが発生するので、安くできないからです。もう一つの理由は、このコレクティブクッキングです。世帯主義ではなく個人主義を採っているので、調理当番が住人個人単位で回ってくる。そうすると、カップルで見学に来て、妻が「ここ、いいわね」と言っても夫が必ずイヤがるんだそうです。男は本当にどうしようもないですね(笑)。実際にフルタイムで働く日本の男性は、コレクティブクッキングができる時間に帰ってくることができません。日本の男性の平均帰宅時間は夜8時以降ですから。共同調理の理念はよいけれど、実際には担いきれない。それなら、食を支えるワーカーズ・コレクティブのようなスタッフがいて、そこで食事を提供した方がいい。そうやってアウトソーシングしたり、中食もオーケーにすればハードルを下げられます。私は最近、男も家事能力を身に付けなさい、と言う気がなくなってきました。女の家事能力も著しく低下してきているので、男女とも家事能力がなくても暮らせるようにする方がリアルです。コンビニと中食は高齢者に限らず「おひとりさま」の強い味方です。食はライフラインですから。

今コミカフェをやっている人たちはボランティア意識が強いけれども、収益はなくてもいいから採算性のある、持続可能な事業にしていくことが重要です。その時にネックになるのは建物のコストです。だから私はこのような複合的なコンプレックスは、民間ディベロッパーではなく、公共的な供給主体が建築の所有権も地権も持ったままで、ソフトだけを外注するというかたちでやっていくといいと思います。そうすればコミカフェみたいなことをやりたい人の参入障壁が下がる。人材は地域にいくらでもいます。

……

山本――コレクティブハウスの試みを私は評価しています。新たな試みを実現するための仕組みづくりは重要です。この「地域社会圏」の建築は公共と民間とで1：2の割合でイニシャル・コストの資金を出す仕組みになっています。それにいま使えそうな国の補助金をプラスして、住人の家賃でそれを返済することになります。土地は50年間の定期借地です。（p.69参照）

「地域社会圏」では個々の「イエ」はそれぞれ「見世」という小さなお店を持っていますから、誰でも小銭を稼ぐことができる。ここで仕事をつくることもできるし、稼いだ小銭を家賃に当てることができる。その「見世」がこの「地域社会圏」をより生き生きした環境にすると思うのです。全体の管理やセキュリティにしても、こうした「見世」があることで相互に見守る関係ができると思います。いままでの住宅は居住専用でした。戦後の用途地域というゾーニングの手法によって住居専用地区をつくって、そこではお店をつくってはいけないということになっていたわけです。でも、昔からの地域社会は小さな商店街にしても店舗併用住宅で構成されていたわけです。住居専用地区という考え方は、重工業地区が一方にあるような20世紀初頭の思想です。いまの私たちの生活とは合わなくなっている。しかしその規制にそって標準化された住宅が並び、プライバシーだけが異常に肥大化したグロテスクな居住環境ができあがってしまったのだと思います。

こうした「見世」を持った住宅の集まりはいままでの住居地域とはまったく違ってくると思います。地域全体の運営にも住民が参加することができる。その運営に参加するモチベーションが違うと思う。そこではじめて居住者と行政による新たな管理の方法が考えられると思います。

7――コレクティブハウス「かんかん森」コモンミールの風景
写真提供：コレクティブハウスかんかん森

賃貸住宅は価格と立地だけで選ばれている？

上野――リアリストの社会学者として伺います。保田窪団地[8]も含め、公設の賃貸住宅の入居者の入居動機のデータを見ると、ミもフタもないことが分かります。彼らには価格訴求と立地だけが重要なのです。家賃と駅から何分かだけで住居を決めている。それがどんな建築かなんてことはまったく意に介さない。入ってみたらとんでもない建物だったというのが、保田窪団地の入居者の実感でした。でも意外とよかったという人もいないわけではありません（笑）[9]。基本的に低コスト低家賃の公共住宅は、次に住み替えるまでの通過点なので、保田窪のよさを評価した住民も、家族や収入が増えると転出していきます。山本さんの「地域社会圏」が価格訴求と立地の他に、付加価値を評価する住民が選んで入居してくるかどうかが重要だと思います。

……

山本――住人にとって価格訴求と立地だけが重要だというのは当然です。保田窪団地を含めて公共住宅がそのようにつくられてきたからです。すべての公共住宅は公営住宅法によって徹底的に標準化され、そのようにつくられてきました。住む側もそういうものだと思っています。だからその選択の際に建築が特別かどうかなどというファクターが介入する余地がない。保田窪団地に対する最大の批判は、標準的ではないというものでした。付加価値なんて従来までの公営住宅ではマイナス要因なのです。しかし本当はその地域毎に異なった価値を持つ住宅が供給され、それを選ぶ自由があるべきなのです。それは付加価値というよりも住宅の本質的な価値です。

東雲キャナルコート[10]の場合は公団がかなり周到な準備をしてその場所ごとに異なる性格をもった住戸をつくりました。さまざまな場所ごとに固有の価値を持っていることが重要であるという貸し方をしました。それが成功した原因だと思います。例えば北側で直射日光は射さないけれど、アトリエや事務所には適切であるというような住戸や、高い位置にあって景色がいい住戸、日当たりがいい住戸などさまざまな条件ごとに家賃を緻密に設定しました。従来までの公営住宅では考えられない方法です。住棟のデザインも6街区それぞれ違う建築家の個性的な設計です。生活支援施設も充実している。だから人気があるわけです[11][12]。

……

上野――賃貸住宅の入居者はだいたいライフサイクルに応じて移動していきます。子供が大きくなって個室が欲しくなると、トコロテンが押し出されるように出ていきます。だから結果として、低年齢層の新婚さんや子供が小さいから外に働きに出ていけない育児期のカップル、あとは行き場のない高齢者、この両極しか公設の賃貸住宅には滞留しなく

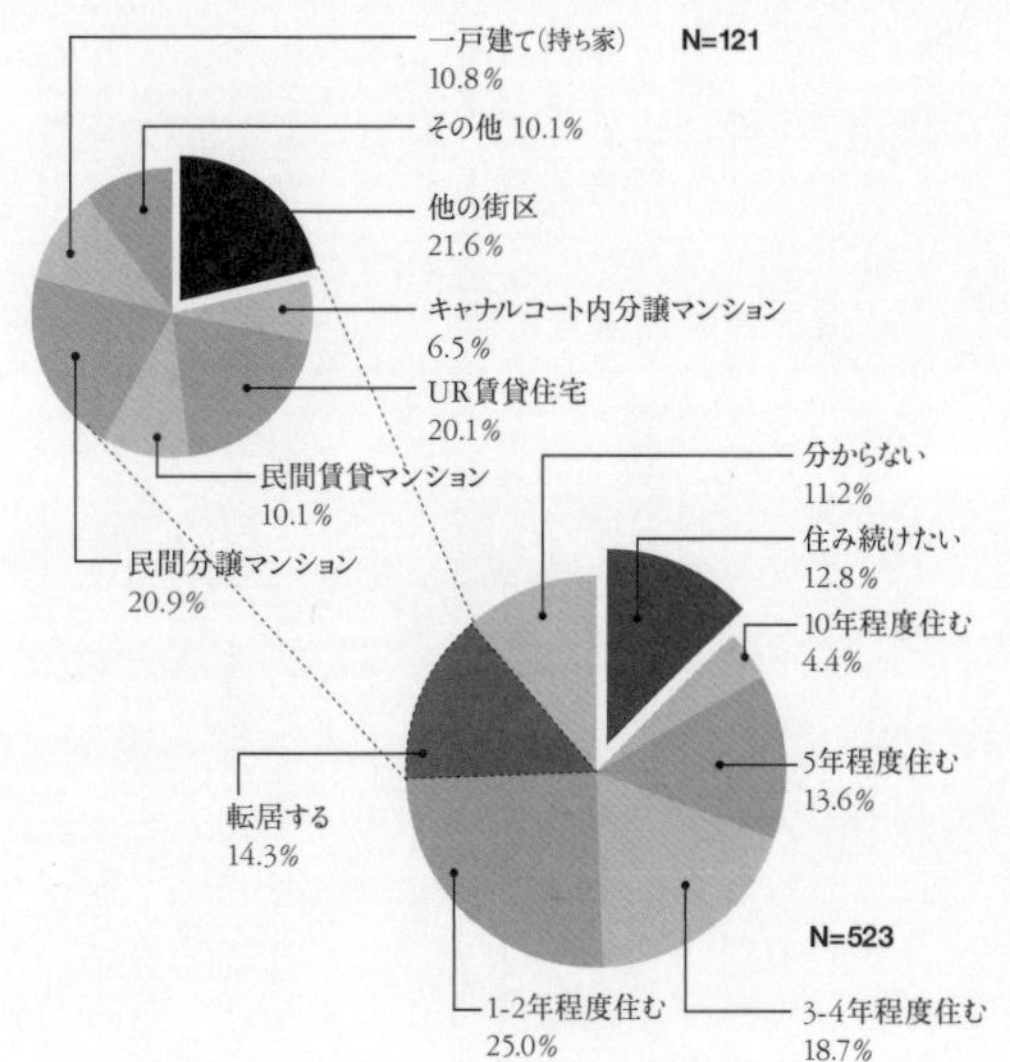

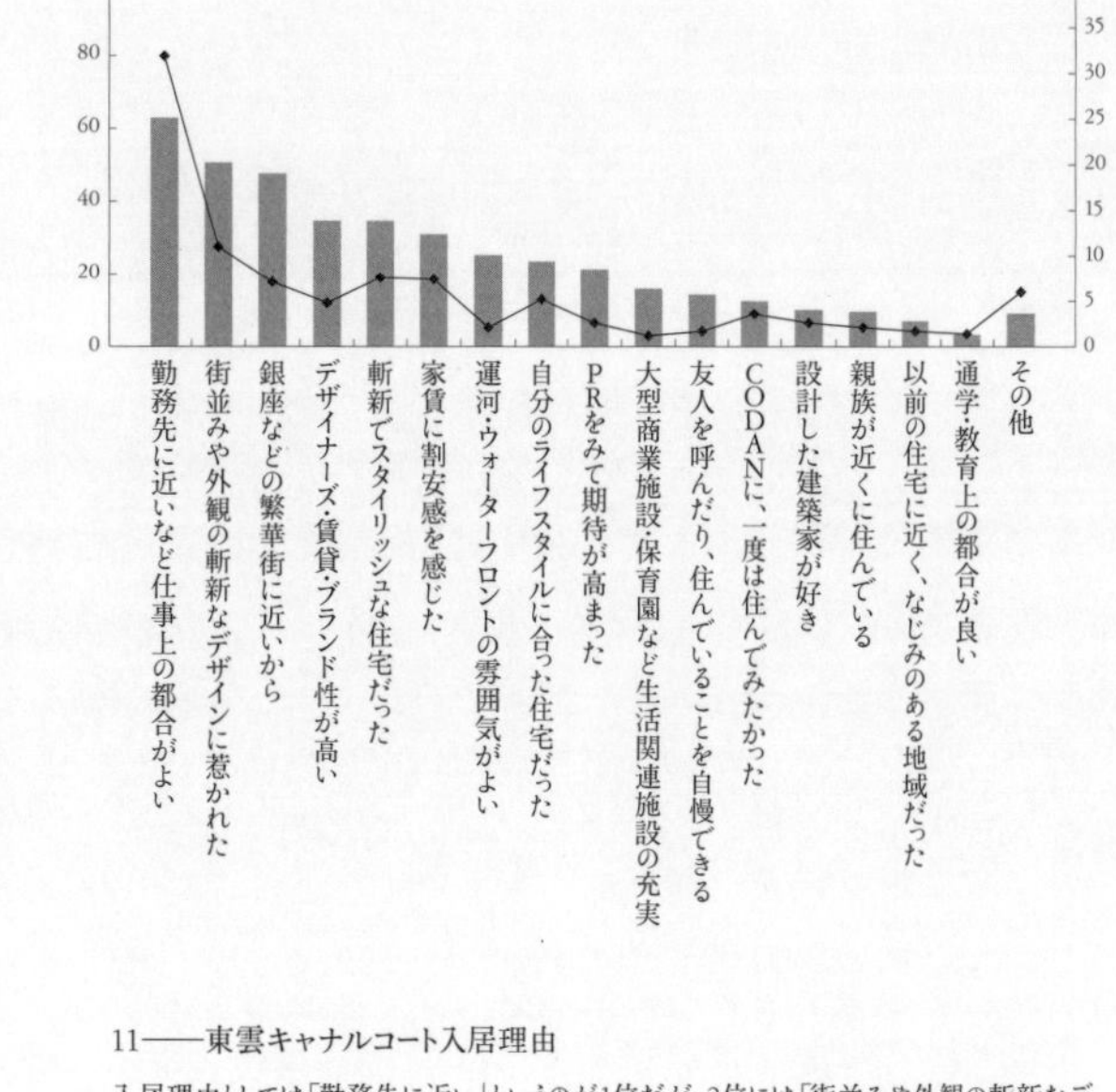

12——東雲キャナルコート今後の住替え意向

今後の住替え意向では、「住み続けたい」が全体の12.8%であった。一方、「転居する」のうち、転居先として「CODAN内の他の街区」と21.6%が回答し、CODAN内での住替えを希望する意見が目立つ。実際、家族の増加による転居や、次はあの建築家のあの部屋に住みたいとターゲットを決めて日々空き状況を確認し、CODAN内で住替えを行っている人も少なくない。CODANならではのプランバリエーションが、様々なライフスタイルを持つユーザーニーズに柔軟に応えているといえる。

11——東雲キャナルコート入居理由

入居理由としては「勤務先に近い」というのが1位だが、2位には「街並みや外観の斬新なデザインに惹かれた」、4位「デザイナーズ賃貸・ブランド性が高い」、5位「斬新でスタイリッシュな住宅だった」など、東雲ならではのデザイン性が評価されている。

11、12——出典:東雲キャナルコートCODAN1-4・6街区住まい方実態調査」(平成16-18年度調査実施)

調査データ提供:独立行政法人都市再生機構東日本都市再生本部

10——山本理顕《東雲キャナルコート1街区》2003
アトリエ的な住宅/撮影:Jan Geipel

8——山本理顕《熊本県営保田窪第一団地》1991/撮影:大野繁

9——保田窪団地調査については、
『住空間とコミュニティ:1999年度社会調査実習報告書』(東京大学社会学研究室、2000)を参照

なっている。ご提案の「地域社会圏」に他ではえがたい付加価値を認めた人たちが定着するようになればいいと思いますが、それはありうると思いますか?

……

山本――勿論です(笑)。この「地域社会圏」にはいままでの住宅になかったものが用意されています。もはやこれはいままでの住宅と呼ばれていたものとは別のものだと思っています。従来までの住宅は「一住宅=一家族」という形式のパッケージだけを商品として供給していた。それでは付加価値といったってたかがしれています。超高層で景色がいいとか、駅から近いとか、安いとか、上野さんのおっしゃるとおり、価格訴求と立地だけが価値を決めてしまいます。「地域社会圏」システムは従来の「一住宅=一家族」システムの対極にあるものです。住宅をパッケージとは考えない。住宅とともにそれに付随するさまざまな支援や仕事の仕組みを組み込んでいます。こうした考え方の居住システムはいままでになかったと思います。

シェアと交換のシステム設計

山本――「地域社会圏」案には3段ベッドが組み込まれたユニットも描きましたが、これがいちばん安い住み方です。これだと1人当たり3万8000円の1/3、1万3000円弱で住める。そうすると現実の相場から見てもかなり安い。なぜこういう住み方が可能かと言うと、部屋の外にかなり豊かな共有空間があるからです。普通は廊下しかないですよね。ここでは部屋の外に豊かな共有空間があって、その共有空間とセットになっているから、部屋のなかが狭くても、豊かに住める可能性がある。

……

上野――根津のシェアハウスがそうでした。元店舗ですから、1階部分が全面ガラスで開放性がありますし、そこが土間の共有スペースになっている。部屋は狭くて3段ベッドだから、みんなそこに出て来ていて、まったりしたり、お茶したり、パティシエ志望の若者がケーキを焼いたりしていました。「地域社会圏」では、そのほかに、サニタリーとキッチンが共有でしたね。コーポラティブハウスは相互に承認し合った人たちによるカスタムメイドの共同性ですが、「地域社会圏」では、シェアハウスと同じ寄り合い状態の共同性になりますよね。

……

山本――そうです。

上野――素朴な疑問ですが、そのような寄り合い所帯で、キッチンを頻繁に使う人と使わない人、それから朝シャンが常習の人とそうでない人、この人たちのエネルギー・資源コストの負担がまったく頭割りで平等だとしたら、居住者は納得するでしょうか。ワンルームマンションがメーターを各戸に付けているのは、エネルギー個人主義というか、受益者負担の原則が徹底しているからですが。

……

山本――大学で共有のコピー機を使う時に登録された個人カードを使いますよね。ここもそういうかたちで、時間単位でキッチンやシャワーを使えばいいのではないでしょうか。

……

上野――それはありえますね。冷蔵庫はどうしますか? 根津の25人のシェアハウスはしっかりコンパートメントに分かれていて、収納物にぜんぶ名前が付いていました。食材の個人主義ですね。味噌と醤油といったベーシックな調味料だけを大家が共有で用意していました。

……

山本――考えていくとさまざまなことが起きてきますね。ビールは自分の部屋にあった方がいい(笑)。実際に「地域社会圏」でどう住んでいくかを考えると、サービスをどう受けるかが大きな問題になります。誰でも生活サポートを受けられるとしたら、若い人でも時には生活サポートを受けたい場合もあるでしょう。長い間、部屋を空けるので掃除をして欲しいということがあるかもしれない。ここは助け合って住む時に、助けたり、助けられたりしたら対価のやりとりが発生しますが、それをどう設計するのか。

……

上野――地域マネーのようなものですか。

……

山本――従来までの地域マネーだとメリットはあまりない。

……

上野――『ケアの社会学』[13]に書きましたが、地域マネーで成功したところはほとんどありません。

……

山本――電子マネーのようなカード決済も考えられると思います(p.85参照)。対価は時給800円程度だったら払う側も受取る側もまぁ納得できるかなぁという大雑把な決め方をしています。

……

上野――地域マネーのようなかたちでわざわざ通貨を市場

13――『ケアの社会学』(太田出版、2011)

から分離する必要はないでしょう。ワーカーズ・コレクティブのような主体が全体のコーディネーションと管理をやったうえで、それぞれのサービスには賃金が発生した方がいい。だいたい地域最低賃金レベルか、ちょっと下くらいに設定されています。ボランティア価格とかコミュニティ価格とも言いますが、最低レベルより少し安くすることで、パートに出て働きたい層をスクリーニングする効果があります。パートに出れば地域最低賃金レベル以上は必ずもらえますから。だから最低賃金を下回るボランティア価格に抑えるほうが、良質のワーカーを確保できるという逆説があります。ですから時給800円は現実的です。

ただ、収益性の低い事業をボランティアだけでやっていると、持続可能性がない。だから保険内事業もやり、保険外事業もやり、収益性のある事業とない事業を組み合わせたところがうまく回っています。介護保険様々です。そういう意味では介護保険を否定する必要はなくて、保険内のデイサービスもやっているが、介護保険外の人もどうぞお越しください、若者も引きこもりの青年もどうぞお越しくださいというやり方を採ればいい。共生型ですよね。保険内利用に関しては資格のある人がサービスを公定価格で提供し、保険外利用については800円のボランティア価格で提供する。とても実現可能性があると思いますよ。

コミュニティとアソシエーション

上野——ただ私はやはりコミュニティや地域という言葉に対して、とても抵抗があるんです。地域社会圏というのはまさに地域と空間がくっついたものですが、空間の近接性が共同性をつくるという建築家の信念にはどうしてもついていけない（笑）。社会学者の目から見ると、そういうふうには共同性はできあがっていません。保田窪団地で調査しても、同じ階、同じ階段室で共同性なんてできないことが分かった。むしろ有効なのはライフスタイルや価値観の共同性で、選択性が高い。都市社会学には1km²生活圏という考え方があります。

1km²は、徒歩15分、自転車なら5分で行ける距離で、この範囲で生活が完結する傾向があるという意味です。1km×1kmだと100haですね。何人くらいが住めると思いますか?

……

山本——ヘクタール当たり150人くらいとして、15000人程度でしょうか。

……

上野——私が80年代に行なった千里ニュータウンでの「女縁」の調査では選択縁の規模は5-7人で、その母集団は大体

14——『「女縁」を生きた女たち』（岩波現代文庫、2008）参照

15000人くらいでした[14]。それだけのなかから5-7人を選択するのですから、選択性は相当高いです。集団規模からいうと「地域社会圏」でサニタリーとキッチンの共有ユニットを5-7人になさったのは正しいと思います。社会学の小集団理論に適ったサイズであり、今のユニットケアのユニットのマックスが大体8人です。

山本――それは体験的にですか。

……

上野――そうです。実証的な経験則です。社会学の小集団研究が盛んだった頃にアメリカ人がやった研究で、インフォーマルな小集団の最大規模を15人と出した。マックスサイズが15というのはどういうことかと言うと、それを超えたらほぼ必然的に、二つに分解する。つまり分解したサイズが7と8なんです。

ユニットケアやグループホームでも、厚労省は10人までという数字を出しているけれども、現場の人たちで最も理想的なのは5人、そうでなければ8人くらいと言われています。その上で、その母集団のスケールと選択性を考える必要があります。

……

山本――15000人というのは1小学校区の大きいところくらいですね。

……

上野――そうです。1小学校区というのはとてもリアルな数字だと思います。そのなかで共同保育をやるグループ、小学校のPTAの同期やコーラスグループの仲間からお互いに選んだのが5-7人ということになります。

……

山本――15000人くらいの人数だとほぼ完全にアノニマスな集団ですから、その中から気の合う人たちを選びとるという意味では選択性は確かに高いと思います。15000人はすでに町のスケールですよね。それは行政単位としてすでにある。

問題はそこから、それよりももっと小さな集団をどうつくるかだと思います。私はそれを「地域社会圏」と呼んでいます。そこに住む集団をコミュニティ集団と呼んでいいと思いますが、コミュニティや地域社会に対しての不信感は、上野さんに限らずわれわれの世代は特に強い。昔の村共同体のような拘束性の強い集団の記憶がまだ鮮明だからなのだと思います。その村共同体のような関係にまた戻るようなことはありえないという感覚なのだと思います。上野さんの問いは、それなのになぜあえていま「地域社会圏」というのか、ということなのだと思います。私は必ずしも気が合う人同士が隣り合って住む必要はないと思います。だからこそ隣り合って住むにはルールが必要です。ここでは最も小さい単位、5-7人がミニキッチンやサニタリーを共有している。次の単位、30-45人がエネルギーファームを共有している。そして120-150人でコジェネレーションを共有している。500人程度になると生活コンビニを共有している。つまりそれぞれスケールの異なる集団ごとにファシリティを共有している。そのファシリティの用途ははっきりしているわけですから、共有のルールはつくりやすい。そしてその共有の単位がいくつものスケールを持っているということが重要だと思います。つまり関係が固定化しない。場所を共有してもその関係を固定化させない方法はあると思っています。

……

上野——社会学にはアソシエーションという概念があります。共通の関心や目的などで集まった機能的集団のことですが、居住コミュニティではなく、居住アソシエーションと呼べばいいのではないでしょうか。シェアハウスが持続するのは、寝るところだけをシェアしていて、あとは一切シェアしていないからです。毎日全員が違うところに出かけて、ほとんど顔を合わせないから成り立つ。一方、昔のムラ型の共同は生業の共同です。抜けるに抜けられないしがらみですが、そういうコミュニティとシェアハウスはまったく違う。

……

山本——『ケアの社会学』にもお書きになっていた「共」という概念、これはまさにコモンですよね。つまりコミュニティですが、なぜ上野さんはそれほどコミュニティを避けるのですか?

……

上野——実は私は、コモンという言葉ももう使いたくない。

……

山本——それはなぜですか。

……

上野——加入・脱退の自由、それと選択性が必要だと思っているからです。一つのファシリティを5世帯から7世帯で共有する場合、ここのファシリティを使いなさいと指示されない方がいいと思います。ユニットケアの高齢者施設でユニットが複数あるところでは、利用者はどこのユニットでご飯を食べてもいいことになっている。だから仲のいい人が隣のユニットにいれば、そこでご飯を食べてもかまわない。同じようにこの建物も、よそのキッチンやシャワーを使っても誰からも文句を言われないようになっていればよいと思います。その点では選択性が高いということが重要です。

コモンの語源は入会地[15]です。入会地はよそ者を排除する場所です。コミカフェは完全にオープンで開かれていますが、高齢者向け賃貸住宅では、食を提供するスペースには外来者が入ってきてほしくないという居住者がいます。私は完全にオープンレストランにして、居住者も食べるし外来者も食べるというふうにやっていければよいと思うのだけれど。

この「地域社会圏」のなかには学校や保育所があったり、小規模多機能施設があったりして、ユーザーは広域から来るわけですよね。そうすれば閉鎖的な施設にならずにすみます。

……

山本——私は「入会地」でいいと思っているのです。この「地域社会圏」は一種の入会地みたいなところがあります。ただかつてのような排他的な場所ではなくて、上野さんのおっしゃるようにベーシックグループは相互に連続していて、どのミニキッチンを使ってもいい。お店もあるし、外の人が使うレストランもある。スパ、生活コンビニも外部に開放されています。多くの人に開放されたとしても、それでもここに住む人た

15——入会地：一定地域の住民のあいだで共同用益の権利が設定されている山野や漁場のこと

ちがこの「地域社会圏」を自分たちの帰属する場所であると思う、そういう帰属意識が一方で重要だと思います。そういう意識がこの場所を大切にして守っていこうとする意識につながると思います。その帰属意識は必ずしも排他性を意味しない。その外側の人たちをどう招き入れるか、そのルールあるいは作法ができていることが重要です。それぞれの「イエ」が「見世」を持っているということはそういう意図を含んでいます。それはつまりコミュニティ集団は建築のつくられ方と深く関係しているということなのだと思います。

……

上野――このような事業は公共的な主体がやったほうがよいのです。民間でやると、賃貸料や分譲価格が割高に設定されてしまいます。そのため入居者に自分たちを地域から差別化する志向が働く。それが文字通りのコモンです。保田窪団地の中庭はイギリス的なコモンの伝統をそのまま空間化したものですよね。部外者は外から入れない。しかし「地域社会圏」の丘の上の広場は居住者の共有物ではなくて公共物になるのではないでしょうか。そしてそこを選んで住む人たちの関係は、地縁というより選択縁に近い。コミュニティではなく、居住アソシエーションと呼んでもいいのではないでしょうか。

……

山本――丘の上は誰でも入れます。そこは住む人の共有の場所であると同時に他者を招き入れる場所だと思うのです。招き入れるための場所という意識が重要だと思っています。それは地縁と関係していると思うのです。その地縁は必ずしも選択縁を排除しないと思う。

流動的な境界がつくる人の関係

上野――小規模多機能型デイサービス事業を厚労省が事業モデルに指定したのが二〇〇六年の改定です。その時に地域包括ケアという名目で、小規模多機能施設を一中学校区に一つつくることを目標に掲げた。私は、これは困ったことを考えついてくれたと思いました。ここにもある種のコモンの感覚があるのです。中学校区というやや拡大された地域コミュニティのなかで、ケアマネージャーが利用者に施設を指定するわけです。しかし実際の利用のされ方は違います。小規模多機能施設は、小規模であればあるほど、経営者とそこに来る利用者の個性が際立つものです。熊本の例ですが、家の隣にデイサービスがあるのに、ばあさんを隣にやらずに、送迎付きの遠くのデイサービスにやっていた。年寄りをデイにやったら、家のなかの事情が筒抜けになってしまうので、自宅から距離のあるところにやりたいというのは人情です。

また女縁の調査でも、距離のある人と付き合いたい、距離があるから内心を分かち合えるという結果がはっきり出ています。だから選択肢があること、それから開放性がある、その地域で閉じないということが大事だと思います。

……

山本――いままでの住宅は家族単位で住んでいましたからね。そしてその住宅は家族というプライバシーを守るための最後の砦だと思ってきた。だからその内側の秘密が外の人に分かってしまうというのは最大の恥だったわけです。いままでもそうです。ですから「一住宅＝一家族」を前提とした時に上野さんのおっしゃるようなことが起きてきた。「地域社会圏」では少し違う関係をつくることが可能なのです。「生活コンビニ」のようなケアの場所が住む場所のなかに組み込まれている。ケアは既に秘密でも何でもないという関係がつくれると思います。

……

上野――「地域社会圏」の内外をうまくつなげていくことが重要だと思うのです。たとえばシニアハウスのレストランでうまくいっているところは、居住者がお客さんを迎えるかたちができていて、常連や、馴染みの関係ができている。コミカフェもうまくいっているところはそうです。

オフィスビルのトイレで、外来者が自由に使えるけれども女子社員たちの歯ブラシや女性用のサニタリーグッズが入ったボックスが並んでいるところがありますよね。生活臭を感じるので、外来者は一瞬ウッと思うけれど、そこには住まい的なまったり感があります。たとえばそのボックスを、居住者たちがそれぞれ鍵付きで持っていて、外来者と居住者とが相互乗り入れをしていても微妙に住み分けできる、境界が流動的であるようなシステムを考えられると思います。

スポーツクラブの更衣室にそれぞれ会員用の個人ロッカーがありますよね。ビジターもいれば常連もいる。そういう境界の流動性もいろいろ工夫すればできると思う。外山義さんが「プライヴェート／コモン／セミパブリック／パブリック」という空間を区分して高齢者住宅をつくっていらっしゃいますが[16]、私は窮屈な印象を受けました。空間の役割を固定しないで、流動性を持つようになればもっとよくなると思います。

山本さんとは織姫と彦星のように数年毎にお会いして対話していますが、その度お互いの進化を感じます。私はここ数年高齢者の問題に大きく踏み込みましたが、山本さんもケアやサービスを組み込んだ集住を考えていらした。建築学より社会学が進んでいるとはもうとう思いませんが、どんな学問より、現場のニーズは最も切実で、最も先端を行っています。わたしは学問の役割は現実を超えることではなく、最低限現実の変化に誠実に追いつくことだと思っているので、今日は「地域社会圏」の提案を拝見し、建築家が現実にやっと追いついてくれたかという思いです。

……

山本――まったくその通りで、上野さんからは現実がどのように変化しているのか、それをいつも教えていただいていると思っています。ただ建築家の役割は現実に追いつくことでもないし、現実を写しとることでもないと思っています。ほんの少しでもいいから未来に対する希望があって、そこから逆に

16――外山義『自宅でない住宅――高齢者の生活空間論』(医学書院、2003)、
外山義ほか『個室・ユニットケアで介護が変わる』(中央法規出版、2003)参照

現実をみつめ返すという役割です。その未来への希望が建築をつくるという意味だと思っています。今日も私たちは単に現実の状況についてだけではなく、既に未来の可能性についての話をしています。上野さんも十分に建築家的だと思いながらお話を聞かせていただきました。

……

……

二〇一二年八月三日「LIXIL:GINZA」で収録

座談会 a discussion

住空間･生活像･運営システムの設計

Designing the Living Environment, Life Style, and Management System

山本理顕＋仲俊治＋末光弘和＋松行輝昌＋
玉田誠＋佐伯亮太＋田中邦明＋中田雅実＋真鍋友理

Riken Yamamoto + Toshiharu Naka + Hirokazu Suemitsu + Terumasa Matsuyuki + Makoto Tamada +
Ryota Saeki + Kuniaki Tanaka + Masami Nakata + Yuri Manabe

山本理顕――この本は、Y-GSA山本スタジオでの4年間の研究をまとめています。まとめる段階で分かったことがたくさんありました。まだ欠陥もいろいろあると思いますが、それをこれから指摘してもらうことも重要だと思っています。これで議論の土台になる「地域社会圏」のプラットフォームのようなものをつくることができたと思っています。多くの人にこの議論に参加してもらえたらと思っています。

日本の住宅供給の仕組みが間違っているという事実は多くの人が共有していることだと思います。日本では民間のハウスメーカーやディベロッパーに頼って、「一住宅=一家族」というシステムで住宅が供給されてきましたが、それを誘導してきた国の住宅政策が既に破綻しています。それではそれに替わるどのような住宅政策がありえるのか。

いま、「一住宅=一家族」を前提にして国の制度は組み立てられています。住宅は自分でつくって、その内側で相互扶助(実体は不均衡扶助ですが)の関係が成り立っているという前提です。家族という相互扶助関係が健在である限り、この政策は国にとって極めて安上がりの政策です。またそれだけでなく、住宅の個人所有を促すというのは経済政策としても経済成長に極めて有効に働きました。しかしいま、家族の相互扶助関係がその内側から壊れかけています。つまり、従来までの政策を支えていた前提が無効になってきている。ほとんど役に立たなくなってきているわけです。

家族の相互扶助関係が壊れたために社会保障に関わるコストは膨大になっています。またエネルギーについて考えてみても、遠くのプラントでつくった電気エネルギーを一つひとつの住宅、あるいはオフィスや工場にまで分配するというシステムはあまりにもロスが大きすぎます。「一住宅=一家族」の内側でエネルギーを自由に使うという使い勝手の良さだけを最優先してきたからです。あるいは交通システムにしても、一つの車で家の車庫から高速道路を使って会社まで行くというドア・トゥ・ドアの全行程をオール・イン・ワンの一台の車で対処するというのは車にとっても負担が大きすぎるし、時速150キロで走れる高性能の車と歩行者が混在した都市は住むために快適な環境ではないと思います。交通システムの矛盾もまた「一住宅=一家族」を前提にして考えられているからです。

「一住宅=一家族」は単なる住宅政策ではなくて、いまの日本という国の運営システムの根幹に関わっていると思うのです。「一住宅=一家族」を前提とするシステムが破綻しているということは、国の運営システムが破綻しているということです。もはや使いものにならない「一住宅=一家族」システムを見直して新しいシステムをつくりたい。それが「地域社会圏」システムだと思います。

「地域社会圏」は住宅をその利用者、住人の側から考えるということだと思います。これまでの供給者側の利益を最大化しようとする資本主義的な価値観ではなく、そこに住む人たちの利益を最優先するという考え方が「地域社会圏」というモデルなのです。

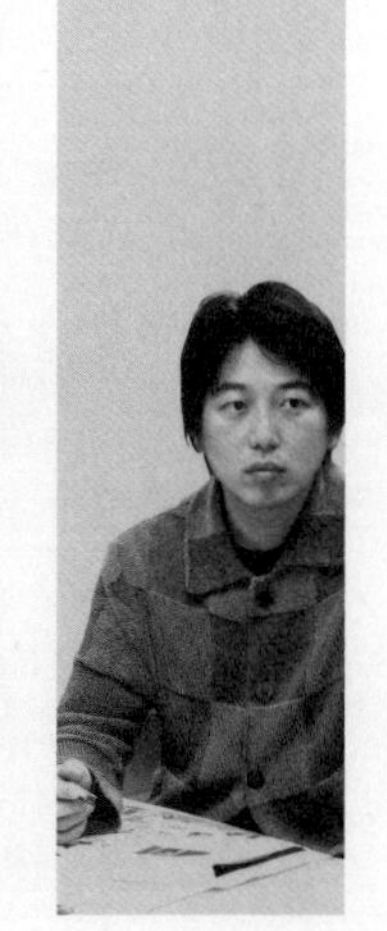

末光弘和――資本主義的なものに異義を唱えるという山本さんの考え方は面白いと思います。そしてこれは、資本主義的でも社会主義的でもない、第3の道となるべきだと思っています。現在の行き過ぎた資本主義のように、ある一部の富裕層が搾取するものでもなく、かといって社会主義的な窮屈さや怠慢を生むようなものでもないあり方です。「地域社会圏」では相互扶助がお金による交換になるよう設計されていますが、その辺りにヒントが隠れているような気がします。また反省点をあげると、鶴見と関内の具体的なモデルをともに新築による提案にしましたが、既存の都市の骨格を利用する提案もできるとよかったと思っています。建築界では最近、60年代のメタボリズム運動が再注目されていますが、あの時代の建築や思想は、いま見るとやや誇大妄想的です。高度成長期だからこそ出てきたものかもしれませんが、縮退の時代と言われるいまは、もう少ししなやかに既存の商店街やストラクチャー、都市の仕組みに馴染ませていく計画が必要とされていると思います。既存の街のなかに点在するような「地域社会圏」の提案がありえたかもしれません。

山本――資本主義か社会主義かという考え方は末光さんの言うとおりで、とても硬直した考え方だと思います。「地域社会圏」はその中間というよりもどちらでもない。その「地域社会圏」ごとに異なる相互扶助のシステムを持っているという意味では「地域社会圏主義」ですね。

ライフスタイルの提案

仲俊治——僕は「地域内ワーク」という提案が、建築空間と一緒に提案できたことはよかったと思っています。ただ、その動的な生活イメージをもう少しうまく描きたかった、という反省があります。500人が集住すれば、供給サイドとしてはエネルギーや管理の面でメリットがあります。ただ一人ひとりの住人の立場になって考えてみると、それだけでは足りないと思うんです。困っていたことが解決するとか、できなかったことができるようになるとか、新しい生活像を考えたいと思っていました。老人や子ども、子育て世代にとっては「生活コンビニ」というサポートシステムがあるので、メリットをイメージしやすい。しかし、中学、高校生くらいの子どもがいる核家族や40歳くらいの独身の住人まで含めて考えると、この場所ならでは生活の豊かさ、楽しさがないといけない。そのキーワードが「地域内ワーク」だと思うんです。研究会で、三菱地所の森山さんから、「これまでのワンルームやファミリー向けではない第三の道が示されているのなら興味深い」という話がありました。いろいろな階層に魅力を感じてもらえてはじめて、さまざまな人が集まって住むことの楽しさ、可能性が出てくると思います。

—

山本——あらゆる階層というときに、その階層をどう考えるかということだと思います。階層よりもこういう相互扶助なんて絶対いやだという人はいると思う。その拒否反応に対してどうこたえていけるのかということです。ユニットを説明するページで住み方の例を表現していますが、ここにはファミリータイプも入っています。ただこのファミリータイプは従来の住宅とは違い、ユニットの組み合わせだったら、ファミリータイプとしても使えるなぁ、というような考え方で、はじめからファミリータイプとして準備されているわけではないですよね。また一人用のタイプでも従来のワンルームマンションと違って、外側につながった「見世」を持っている。そして相互扶助といっても、ここでは無報酬で一方的に奉仕するのではない。こうしたことから新しい生活像をイメージしてもらえると思うのですが、それを魅力的だと思ってもらえるかどうか。できるだけその魅力を伝えるのがわれわれの役割なんだと思います。

—

仲——それぞれの地域社会圏モデルに個性があったら面白いと末光さんと話していました。末光さんは当初関内のモデルにSOHOを組み込んでいました。起業したばかりの鼻息の荒い人たちが集まって住んでいるようなものや、そのために設備やソフトが最適化されているような地域社会圏が計画できれば面白いと思います。その後子どもが生まれたりしたら、伸びやかで緑が多い他の地域社会圏に移り住んでもいい。鶴見モデルでは当初、菜園やインターナショナルスクールを入れていました。多様なモデルを示して、その時々の生活スタイルに応じて移り住んでいけたらいいと思いました。プロジェクト型地域社会圏のようなものです。

—

末光——この研究会では、2つのリアルな敷地の具体的な建築の提案から始め、そこからエッセンスを抽出し、地域社会圏という概念の骨格を固めていきましたが、その抽出過程で、それぞれの場所が持っていたイメージを薄めてしまった可能性があります。概念が固まってきたいま、それをもう一度どう取り戻せるか。それは、場所性を持った経済とはどのようなものなのかというテーマとも深く関わると思います。

社会問題を解決する装置

松行輝昌——経済的な視点から見ると、今回の提案で「地域内ワーク」という新しいマーケットが出てきたことは面白いと思います。「地域社会圏」といういままでと違うタイプの中間体をつくることにより、「地域内ワーク」の場合はコミュニティとマーケットを融合したものができています。地域社会圏は、人口の規模や住み方などの変数を決めていくことによって中間体をつ

くり、そのなかでさまざまな要素を融合させていく仕組みだと思います。少ないパラメータで設計するデバイスとして機能する可能性がある。つまりある社会的課題に対し、現状は非常に複雑な決定プロセスを経て、非効率的なやり方で政策がなされる。しかし地域社会圏では少ないパラメータを動かすことで多くの課題に対応しうるのではないか。そこに可能性を感じました。

しかし、実際にこれをつくって運営していく方法については十分議論を深められなかった。実際にやってみて現場で調整する必要があります。現実性についてはもう少し詰めなくてはいけないと感じています。

―

山本――実際の管理や運営の主体が誰になるのかが問題です。いままでは公共住宅は地方自治体が、民間住宅は民間会社が管理しています。しかしこの地域社会圏の全体を運営管理していくにはどうしたらいいか。

運営の経済的な側面は松行さんが解析してくれました。これだったらできそうだと思いました。一方で管理をどうするのかという話は、この建築を自分たちのものだ、自分に責任があると思って使ってもらうにはどうしたらいいのかという話と関係していると思うのです。見落とされがちなのですが私は「景観」が重要だと思っています。この「地域社会圏」全体の景観をいつでも美しい状態に保つということです。そのためには、ここに住む人たちにこの建築を自分のものだと思ってもらう必要がある。自分の家のなかをきれいに片付けるように、この「地域社会圏」全体を美しく保つということに関心を持ってもらえるかどうかということだと思います。「見世」のような場所があって来街者という他者が外から来て、そこで経済活動が成り立っているという環境が大事です。来街者という他者を想定することで、この「地域社会圏」を美しく保つという意識をかなり担保できるのではないかと思うのです。

従来までのマンションや戸建住宅群はセキュリティのために不特定多数の来訪者を排除するように考えられてきましたからね。「誰か」によって他者が排除されている環境は自分ではない「誰か」が管理する環境になってしまいます。

―

松行――地域内ワークの可能性を感じさせるのは、ケア、福祉や子育てを含んでいるところです。そういうもののつながりが出せることに可能性を見るわけです。地域通貨を用いた相互扶助や、コミュニティ形成を促す子育ての政策などの事例は色々とありますが、成果は限定的です。しかし地域社会圏は現時点では分断されているさまざまな要素をつなげることで、日本の抱えている問題に対するソリューションとなりうるのではないかと思います。

―

山本――「地域内ワーク」のようなものは有効な経済活動になるのでしょうか。

―

松行――貨幣で取引されれば、統計上は経済活動になります。またこれまで眠っていた潜在的なスキルを発揮する場所ができる。

―

山本――住居専用地域では店舗をつくって経済活動してはいけないことになっています。それが地域社会活性化の足を引っ張る原因になっています。

末光――個人的な話ですが、最近、事務所を二子玉川から尾山台に移しました。尾山台には二子玉川にはなかった靴の修理屋や、梅干屋など小さなお店がたくさんあり、ローカルな経済圏として成り立っている。一方、二子玉川では大きなデパートができることにより地域の商店街は潰れていき、完全に経済のグローバリゼーションに地域が飲み込まれていきました。この地域社会圏は、商店街にあったような小さいスケールの経済活動を拾い上げるきっかけになるだろうと思います。小さな仕事でもある地域内だったら存続可能で、それが住人の生活を豊かにするようなイメージにつながればと思います。

―

松行――可能性はあると思います。現在の日本はいろいろな制度が疲弊しています。しかしゼロから何かをつくり出すのではなく、既存の仕組みのハイブリッドをうまくつくって社会問題に対応していくのが現実的です。地域社会圏にはハイブリッドを生み出す装置、仕組みとしての可能性があります。

ちょっと小さい、というスケール感

玉田誠――僕が気になっているのは、2・4mというモジュールです。この2・4mというのが微妙なスケール

で、共有の空間では廊下にしては大きいし、人が集まって何かをするには小さすぎる。住人がそこにモノを置きはじめると、ほとんど専有の空間になってしまう。

—

末光――専有、共有の問題がスケールとリンクしているというのは面白いですね。逆に言えば、大きすぎると誰のものかが分からなくなる可能性もある。一方では共有スペースが勝手に専有されるのも面白いので、2・4mに決めたということもありますね。

—

山本――ベッドを置いてみるとよく分かります。芯々が2・4mなので、内々だと2・2mくらいになり、ベッドを置くとめいっぱいです。しかし小さくしたがゆえに人口密度が上がっています。これは高密度住居の実験としてはありえると思っています。それには外側の空間との関係が必要です。「イエ」の外側を2・4mの2倍くらいの感じで使えたら、「イエ」の内側は小さくてもいいのかもしれません。

—

仲――ミニキッチンの床の幅は2・4mですが、吹き抜けや外部に面しているし、共用空間としてメリハリは出ていると思います。また住戸の幅ですが、「ユニテ・ダビダシオン」の子ども部屋は1・83mなので、それよりも広い(笑)。幅だけで考えてはダメなんだけど、奥行きや高さにバリエーションをもたせているので、アリじゃないかな。

—

山本――2・4mはギリギリ使えそうな寸法です。「イエ」の外側を充実させればなんとかなると思う。

田中邦明――僕は2・6mという階高の低さが面白いと思いました。6層重ねて通常の5層分です。接地階に看板を付けてみると、いわゆる商業店舗というほど正式な感じではなく、こぢんまりとした店を住人が勝手に開いているような雰囲気が出ました。コンテナサイズにしたことで、建物との距離感が身近なものになりました。

—

山本――確かに街並みをみると小ささがよく分かります。「ちょっと小さい」というのはいい寸法だと思います。実際に原寸大をつくって確認する必要がありますね。

増築・減築の自由と生活の安心

玉田――研究会の途中、いろんな場所でプレゼンテーションをしたのですが、そこでの反応を見て、こうしよう、ああしようと練っていきました。実際の反応を確かめながら進めることができたのは良かった。

—

田中――「ここなら気が向かない時は家事をしなくてもよさそうね」など、こちらが考えていたこととは違った受け取り方を聞くこともありました。

—

玉田――家をライフスタイルに合わせて拡張していくことにも共感を得ることができたと思います。家は変更不可能なものではなく、動かせるし増やせるものであるということです。

—

田中――家の専有面積を減らせることをメリットに感じる人がいたのは面白いです。新しい視点だと思いました。

—

山本――平山さんから聞いたことですが高齢者の8割くらいは持ち家に住んでいるそうです。(p.105参照)ただ高齢化して広いスペースが必要なくなっても減築は難しい。ですから老夫婦だけで大きな家に住んでいる場合も多い。一度家を持ってしまうと、ずっと維持管理していかなければならない。これは持ち家制度の欠点で、所有者にとって大きな負担になります。「地域社会圏」では状況により借りる広さを増減できるので、それだけでも住宅に対する重荷から解放されると思います。

佐伯亮太――人はその所有物に縛られて生活しているということも発見でした。どこかにパブリックな収納があって、地域社会圏の中をどこでも動けるようにできれば、ずいぶん身軽になります。

—

山本――収納スペースをもっと身近なところに点在させる必要があるかもしれないね。子どもが二人いたりすると服もすごく増えちゃうから。

佐伯——「地域社会圏」では物の持ち方も変わってくると思います。これくらいの収納でも実は生活ができるという可能性があると思います。いまはみな、物を持ちすぎていて、空間を物で埋めてしまう。

末光——ここで提案した容積貸しのシステムも、本来は社会に需要があるはずなのに、なぜか未だ実現されていない。実は、これも貸す側の論理でそうなっているだけなのではないか。貸す側は皆にどんどん引っ越してもらい、敷金礼金を払ってもらうことで経済を廻して行くという仕組みを手放さないですから。容積貸しのシステムができれば、ずいぶん身軽になって物の持ち方も変わってくると思います。

空間の描き方

中田雅実——今回絵を描いてみて、2・4mがつくる空間がリアリティを持って見えてきました。意外に広いなと感じることもありました。トライアンドエラーの繰り返しでしたが、それが面白かったです。建築を仕上げた後に福祉など建築以外の要素を空間に落としこむ必要があり、そこにもいろいろな発見がありました。

山本——ちょっとした絵の描き方で雰囲気が変わりますよね。

中田——たくさん描きこんでいるつもりでも、現実に比べるとまだまだ要素が少ない。またセリフや仕草を描こうとすると、具体的に想像していく必要がありました。絵のなかの人物にしゃべらせようと思うとシチュエーションを考えざるをえない。山本さんに度々指摘され、既成概念で描いている自分に気づくこともありました。

玉田——それは一般的なお父さんとお母さん、子どもを描いてしまうというようなことですね。

末光——建築をつくっていても同じです。想像以上に既成概念に支配されているものですよね。

中田——紋切り型を避けながらリアリティを持たせるというのが難しかったです。これは図面でも模型でも見えてこなかったことでした。

山本——家族がテーブルを囲んでいると普通の食事のシーンになるしね。ル・コルビュジエの「イムーブル・ヴィラ」の計画に、テラスでボクシングしている絵がありますが、あんな絵を描いたのはル・コルビュジエだけです。強烈に印象に残りますよね。住宅を描く際にいままでと違う使い方を想像したいですね。

仲——居住者がある場所に集まるシーンを想像するのは実はけっこう難しいですよね。

山本——居住者が集まる場所というのがそもそもない。戸建住宅群の街では道路は単に通過するための場所です。きれいな生垣があっても、それは外の道路から家の中が覗かれないためにある。

仲——僕の家の周りはペットによるコミュニティができています。みな散歩の途中で立ち話をしたりして。ペットがいないと話をするきっかけすらないような場所です。だからペットを飼うのが流行っているのかもしれません。(笑)

山本——「広場」という言葉が難しいよね。単に広い場所という意味でしかない。

仲——日本に広場の概念が入ってきた当時は、道が少し広がったという意味で広小路と言われたそうです。上野広小路という地名も残っていますよね。

場所に名前をつける

中田——「広場」というと、人が集まってワイワイやっている絵が浮かびますが、この「地域社会圏」では道のように人が行き交う場所から昼寝をしているおばあちゃんが見えているとか、広場とその周りの空間の関係が見えてきてほしいと思いました。だから広場という名前が合っていないかもしれません。でも、なかなかいい名前が浮かびませんね。

山本――広場と言っても、単に広い場所があるのではなく、そこに面して「見世」があることが大事ですよね。

―

佐伯――「ビストロアンドキッチン」も、キッチンやビストロとしても使えるけれど、それだけではない使われ方もあると思います。新しい使われ方を想定して場所をつくっているのに、そこに名前がついた途端、その言葉に回収されてしまっている感じがします。考えていることはもっと自由なのに、言葉が追いついてこない感覚がありました。

―

仲――もっと言いたいこと、伝えたいこと、考えたことがあるんだよね。

―

山本――緻密に絵を見てもらえれば分かると思う。細かいところまで描き込んであるので細部まで読み込んでもらえたら嬉しいですね。

―

田中――街のレストランと家庭のキッチンを再編して「ビストロアンドキッチン」と呼んでいるように、基本的には現在の生活の機能をばらばらにしたり、一緒にしたりするアプローチであって、必ずしも新しい機能を付加しているわけではありません。何を新たに提案しているのか伝えるのが難しい。簡潔に伝えるためには名前をつけるけれど、名前にあらわれない部分こそ一番伝わってほしいというのがジレンマです。それはプロジェクト全体に関しても言えることで、「地域社会圏とは何ですか」と聞かれた時にまず何と言えばいいのか、未だに模索中です。分解していくと既存の言葉が並ぶだけだとしても、それらに還元されない部分を伝えていけるかどうかが課題だと思います。

―

山本――そうですね。ただの寄せ集めではなくて、それが相互に関係している。その関係のし方をデザインしているわけですよね。

新しい生活への想像力

真鍋友理――この研究会に1年ほど関わってきましたが、私はこの「地域社会圏」をいままで自分の生活に特に意識的でなかった人が、「ここに住んだらこんなことができるかもしれない」と自分の生活のいろいろな選択肢を発見できるものにしたいと考えていました。ずっと頭にあったのは、自分の母親のことです。専業主婦である私の母が思わずわくわくしてしまうようなものにすることを目標にしていました。今回の提案はそういった可能性を充分持っていると思います。でもそれを伝えるのがなかなか難しい。現在の生活が当たり前になっている人にどう気づいてもらうのかは課題だと思います。

―

末光――専業主婦でいったん家庭に入ってしまうとコミュニティに属したくても属せない人が出てくる。そういう人たちの潜在的な願望にヒットするかもしれないという期待があるということですね。

―

山本――グローバル化が進めば進むほど、世界中の場所が均質化される方向に進むという危機感があります。「地域社会圏」はそこでの住み方を場所の特性とともに考えようとする方法です。この提案のように、エネルギーや相互扶助のシステムあるいは経済活動を含めてある程度の自立性を持った「地域社会圏」のような居住単位ができあがった時に、それが日本の行政システムや経済にどのような影響を与えるのかに興味があります。日本全体に対してどんな意味を持つのか。

―

松行――現在の資本主義では、切り売りのしやすい、均質なものを取引する傾向が強くなっています。「地域社会圏」ではプライベートとパブリックの間にコモンを入れて、境界をスムーズに、曖昧にすることによって場所の特性を出しています。そのように境界を曖昧にしていくと結局切り売りが難しくなります。ですからこの試みは現在の資本主義システムに対する一つの抵抗であり、生活の豊かさを高めるための方法なのだと思います。要素のハイブリッドや相互浸透するシステムによって、場所性が生まれ、それがいままでにない経済や社会をつくるきっかけになるという可能性はあると思います。

―

末光――山本さんが最初から「地域社会圏」という場所性を持った言葉にこだわってきたわけがようやく分かった気がします。たとえば昔の商店街では自分たちで掃除や打ち水がなされていましたが、それが、商店街全体のためにもなるし、自分の利益にもなる、結果としてコミュニティが生まれる、そういう仕組みですね。一方で、資本主義の申し子であるタワーマンションの足下の公開空地には誰も帰属意識がなく、ゴミが落ちていても拾いもしない。それは、他者から閉じて専有部分の事だけを考える人にとって、何の利益にもならないからです。ここがミソだという気がします。これは、現在の行きすぎた資本主義の状況とも似ています。リーマンショックのようなことも、高度な数式を運用し、自分たちの手の届かないスケールの経済活動をしてしまい、非常に無責任な状態が生まれた結果起こった。この「地域社会圏」では、コミュニティのきっかけとしてみなが小さな「見世」空間をを必ず持つ、という仕組みを思いついた時に一番ジャンプしたように感じました。つまりそれによってもう一度、場所やスケールのつながりの中で、住まい手の責任の範囲から生活や経済活動を始めましょうという提案なのではないかと思います。

仲——そうですね。ただ最初にも言いましたが、CO_2削減や孤独死をしないために集まっているわけではないので、何を目的にして集まるのか。目的というと大げさなら、何を共有価値としているのか。

山本——この「地域社会圏」が自分の帰属する場所だと思えることが重要だと思いますね。そのためには一つのシステムとして相互扶助の関係が成り立っている必要があります。「助け合う」というとそんな関係はもはや成り立つはずはない、というシニカルな反論が待ち受けています。でも、ひょっとしたらそのシニシズムも刷り込まれた感覚かもしれません。セキュリティとプライバシーとで徹底して都市を管理してきた、それが近代都市です。そのなかで育った私たちはセキュリティとプライバシーを完全に身体化してしまっています。実際、何か事件が起きる度にセキュリティとプライバシーはより強化されてきたわけですよね。「助け合う」は近代都市計画理論では徹底的に排除されてきたと思うのです。それが都市の均質化、標準化につながっていると私は思います。

自己犠牲的な助け合いではなくて、その相互扶助が経済的にも一つのシステムとして成り立つことが重要だと思います。ですから、「地域社会圏」が「助け合う」ことで成り立っていると言っても十分に説得力があるように思いますね。

仲——横浜市の副市長や建築局からは「コーポラティブでやった方がいいのではないか」とアドバイスを受けました。しかし「地域社会圏」は転居可能な集合住宅として賃貸にこだわってきました。僕は「地域内ワーク」が居住者がここに集まる動機の一つになると思います。一人ひとりが個性を生かした仕事を提供できて、評価や期待もされる。介護サービスを受ける老人が別の場面では子供の遊び相手として託児に関われる。そんなサービスの連鎖のなかで生きることによって、生きがいのようなものも生まれるかもしれない。

末光——参加意識も生まれてきますよね。能動的なものに期待しています。

田中——「地域社会圏」では居住者が気軽に移り住みながら暮らすという生活像と、それを可能にする空間や運営のシステムを考えている。そこが従来のコミュニティのイメージから一歩踏み出しうるところではないかと思います。

山本——コミュニティは過去にあって既に失われてしまったものでもないし、私たちの自由を拘束するものでもないと思います。私たちの責任でつくりあげるものだと思います。だからこそ私たちが実感できる具体的で現実的な場所の特性とともにあるということが極めて重要なのだと思いますね。

二〇一一年九月二五日、山本理顕設計工場で収録

一緒に考えたい――山本理顕

Let's Think about Housing Together | Riken Yamamoto

住宅は個人の資産である。被災してそれが失われてしまったとしても、単に個人資産の喪失に対しては誰も手を差しのべない。自己責任である。国の側は一切の責任を負わない、というのが持ち家政策で家を持ってしまった人たちに対する国の側の考え方である。それを私たちはなんにも不思議だとは思わなくなってしまっている。高台移転をして、そこに戸建住宅を自己資金で建てるという方法が復興住宅の供給方法である。でもそれはその住民たちにとっては最悪である。戸建住宅はハウスメーカーがつくる。でも、ハウスメーカーは標準的な住宅モデルしか持っていない。「一住宅＝一家族」という形式で供給される住宅である。さらに平地でないと建たない。平地で矩形という標準的な敷地形状に限られる。つまりハウスメーカーがつくるということを前提にする限り、高台を造成してひな壇状に平地をつくって、そこに「一住宅＝一家族」モデルの戸建住宅をつくる。それしか方法がないわけである。そうした考え方を当然のように私たちは受けいれようとしている。

いま、被災地の高齢化率は30%を超えている。これからますます高齢化は進んでいくはずである。そうした高齢者たちがこれからもプライバシーとセキュリティを大切にする戸建住宅に住むことができるのだろうか。ただ戸建住宅だけが並ぶ造成住宅地は都市郊外住宅地ではあたり前の風景だけど、この被災地でまたそのコピーをつくるのだろうか。それをまた繰り返すのだろうか。高台で近くにお店もサービス施設もないようなところに住むことができるのだろうか。

なぜこのような疑問だらけの方向に復興は進もうとするのか。供給者サイドの利潤を守る、それがこれまでの住宅政策の中心だったからである。そこに住む人たち、つまり生活者に対する視点が徹底して排除されてきたからである。「住居専用地区」という20世紀初頭に発明されたゾーニングの思想そのものが管理の思想、供給者サイドに立った思想だったのである。住宅だけでできている街という発想が間違っていたのである。「しもた屋さん」だけの街はもともと無理だったのだ。東京の郊外に広がる戸建住宅群は高齢化と少子化で激しく疲弊してしまっている。戸建住宅群はまったくフレキシビリティがない。個人の資産になってしまった住宅はその住宅と他の住宅との関係を変更することがまったく不可能だからである。高齢化のような社会の変化にはまったく無力である（本書、平山洋介氏との対談）。集合化することである。住宅を個人資産ではなく、社会資本と考えることである。

もし被災地に戸建住宅群をつくるとしたら、８０-１００人／haほどのかなり低い人口密度になる。多くの平地が必要になる。２００-２５０人／haほどの人口密度なら同じ敷地面積で倍以上の人数が住めるわけである。無理に平地をつくらずに斜面を利用しながら2-3階建ての集合住宅をつくる。それなら２００-２５０人／haは決して無理な数字ではない。エレベーターに頼るような集合住宅にはしない。「一住宅＝一家族」モデルの住宅ではない。単にプライバシーを守るための住宅ではなくて、隣り合う人たちが相互に関係できるような住宅である。つまり「地域社会圏」的住み方である。「見世」のある住宅である（本書、金子勝氏との対談）。これだけで相互扶助の関係が可能になる。

「地域社会圏」は考え方である。単にどのような住宅あるいは集合住宅をつくるかということではなくて、どのような地域社会とともに私たちの住まいを考えるのか、というその考え方である。供給者サイドではなくて生活者サイドに立った考え方である。地域社会はさまざまな地域特性を持っている。生活者サイドに立つということは、その場所の特性とともに考えるという意味である。その場所に帰属するという意識がその場所の特性をつくっているのである（本書、上野千鶴子氏との対談）。

「地域社会圏」が一つの考え方であるとしたら、その考え方に対してさまざまな場所でさまざまな実現の可能性があるはずである。山村部、農村部、漁港、郊外、木造密集地、老朽化した団地そして被災地、さまざまな場所で地域社会圏的考え方は有効である。この私たちの提案もまたその可能性の一つである。問題点もいろいろあると思う。私ならこうするのに、という部分もたくさんあると思う。むしろそれを期待したい。この本が「一住宅＝一家族」に替わる住み方について一緒に考えるそのきっかけになればとても嬉しい。

この本は4年間に渡るＹ-ＧＳＡ山本スタジオでの活動の成果である。そして、それに関わっていただいた多くの実社会の研究者たちとの熱い議論の記録である。参加していただいたことに深く感謝いたします。最後に、この困難な長い長い時間を最後まで先導していただいたＬＩＸＩＬ出版の高田知永さん、どうもありがとうございました。

地域社会圏研究会

コアメンバー

山本理顕——山本理顕設計工場代表、
横浜国立大学大学院/
建築都市スクール"Y-GSA"客員教授・前校長
仲俊治——建築設計モノブモン、
横浜国立大学大学院Y-GSA前設計助手
末光弘和——SUEP、
横浜国立大学大学院Y-GSA前設計助手
松行輝昌——大阪大学学際融合教育研究センター准教授、
横浜国立大学VBL前講師
玉田誠——山本理顕設計工場[2011年Y-GSA卒業]
佐伯亮太——横浜国立大学大学院Y-GSA修士2年
田中邦明——横浜国立大学大学院Y-GSA修士2年
中田雅実——横浜国立大学大学院Y-GSA修士2年
真鍋友理——横浜国立大学大学院Y-GSA修士2年

プロジェクト会議メンバー

東京ガス株式会社
横浜市建築局
坂牧大祐——清水建設株式会社
吉田博——清水建設株式会社
神作和生——清水建設株式会社
斎藤利昭——清水建設株式会社
巖桂二郎——日産自動車株式会社総合研究所
菅克雄——日産自動車株式会社総合研究所
佐々木香——日産自動車株式会社総合研究所
栗原信也——日産自動車株式会社総合研究所
橋本隆志——日産自動車株式会社総合研究所
白土良太——日産自動車株式会社総合研究所
森山健一——三菱地所レジデンス株式会社
小川喜之——三菱地所レジデンス株式会社
井関和朗——株式会社URリンケージ
山中俊治——LEADING EDGE DESIGN代表、
慶應義塾大学大学院政策・メディア研究科教授
寺田真理子——横浜国立大学大学院Y-GSA
スタジオ・マネージャー
中野孝昭——横浜国立大学産学連携推進本部副本部長
村富洋一——横浜国立大学産学連携推進本部
共同研究推進センター教授

詳細検討協力

横浜市住宅供給公社
佐藤淳——佐藤淳構造設計事務所、東京大学特任准教授
和田隆文——株式会社環境エンジニアリング
大島昭浩——株式会社浜銀総合研究所
士野顕一郎——株式会社浜銀総合研究所
近藤雄二——三菱地所コミュニティ株式会社
坂井賢也——三菱地所コミュニティ株式会社
佐土原聡——横浜国立大学大学院
都市イノベーション研究院教授
佐藤祐子——保健師[日本公衆衛生学会認定専門家]
松崎吉之助——横浜国立大学大学院後期課程
米澤麻子

プロジェクト製作

杉浦洋平[山本理顕設計工場]
秋山照夫/藤末萌/水野貴之[横浜国立大学大学院Y-GSA]

モビリティ提案・モデル製作

慶應義塾大学山中デザイン研究室——大野好輝/青山直樹/村松充/神山友輔/辻勇樹/豊田亮/根岸岳/篠田泰平/讃井悠子/横田智哉/矢島光/荒牧悠/坂本弥光/檜垣万里子

横浜国立大学大学院Y-GSA山本インディペンデントスタジオ

秋山照夫/伊藤孝仁/井上湖奈美/大和田栄一郎/岡田尚子/川畑智宏/西川日満里/佐伯亮太/坂爪佑丞/佐藤大基/高藤千尋/田中邦明/中田雅実/藤末萌/真鍋友理/水野貴之/川口圭介

模型製作協力

西高秀晃/岩倉巧/戸﨑友理/上月亮太/稲野辺翔/内田蒼馬/石田陽是/植松達哉/岡田伯未/堺康朗/角菜々子/高尾美由紀/舘真弘/寺田英史/藤原大介/松元淳/後藤祐作/大沢雄城/村上広平/金谷優香/桑原敏一/牧野新太郎/別府拓也/上妻尚史/多田啓太朗/河西孝平/所芳昭/大図健太郎/寺田慎二/高野敬一郎/矢野高弘/小林未奈

順不同、敬称略(肩書きは2012年当時)|地域社会圏研究は、以上の方々にご協力頂きました。

著者プロフィール

山本理顕｜やまもとりけん｜Riken Yamamoto

1945年北京生まれ。建築家。2007-2011年、横浜国立大学大学院教授。現在、日本大学大学院特任教授。山本理顕設計工場主宰。

作品＝《埼玉県立大学》、《公立はこだて未来大学》、《横須賀美術館》、《福生市庁舎》他。著書＝『新編住居論』［平凡社］、

『建築の可能性、山本理顕的想像力』［王国社］『つくりながら考える、使いながらつくる』［TOTO出版］他。

共著書＝『私たちが住みたい都市 身体・プライバシー・住宅・国家』［平凡社］、

『建築をつくることは未来をつくることである』［TOTO出版］、『地域社会圏モデル』［LIXIL出版］他。

金子勝｜かねこまさる｜Masaru Kaneko

1952年東京都生まれ。経済学者。慶應大学経済学部教授。著書＝『市場と制度の政治経済学』［東京大学出版会］、

『セーフティーネットの政治経済学』［筑摩書房］、『新・反グローバリズム』［岩波書店］、

『粉飾国家』［講談社］、『戦後の終わり』［筑摩書房］、

『閉塞経済』［筑摩新書］、『「脱原発」成長論：新しい産業革命へ』［筑摩書房］他、多数。共著＝『日本再生の国家戦略を急げ』［小学館］、

『脱世界同時不況』［岩波ブックレット］他、多数。

平山洋介｜ひらやまようすけ｜Yosuke Hirayama

1958年生まれ。建築学者。生活空間計画を専攻。神戸大学大学院人間発達環境学研究科教授。

著書＝『コミュニティ・ベースト・ハウジング──現代アメリカの近隣再生』［ドメス出版］、

『不完全都市──神戸・ニューヨーク・ベルリン』［学芸出版社］、『東京の果てに』［NTT出版］、

『住宅政策のどこが問題か──〈持家社会〉の次を展望する』［光文社新書］、

『都市の条件──住まい、人生、社会持続』［NTT出版］他。

上野千鶴子｜うえのちづこ｜Chizuko Ueno

1948年生まれ。社会学者。東京大学名誉教授、NPO法人ウィメンズアクションネットワーク（WAN）理事長。
著書＝『家父長制と資本制』『不惑のフェミニズム』［以上、岩波現代文庫］、『近代家族の成立と終焉』『差異の政治学』
『生き延びるための思想』［以上、岩波書店］、『ナショナリズムとジェンダー』［青土社］、『おひとりさまの老後』［法研］、
『女ぎらい』［紀伊国屋書店］、『ケアの社会学』［太田出版］他、多数。

仲俊治｜なかとしはる｜Toshiharu Naka

1976年、京都府生まれ。建築家。
東京大学大学院工学系研究科建築学専攻を修了後、山本理顕設計工場を経て、
2009年より建築設計モノブモン主宰、2012年に仲建築設計スタジオに改組。2009-2011年横浜国立大学大学院Y-GSA設計助手。
作品＝《白馬の山荘》、《食堂付きアパート》他

末光弘和｜すえみつひろかず｜Hirokazu Suemitsu

1976年、愛媛県松山市生まれ。建築家。
東京大学大学院工学系研究科建築学専攻を修了後、伊東豊雄建築設計事務所を経て、
2007年よりSUEP主宰。2009-2011年横浜国立大学大学院Y-GSA設計助手。作品＝《地中の棲処》、《Kokage》他。

松行輝昌｜まつゆきてるまさ｜Terumasa Matsuyuki

1972年生まれ。経済学者。2008-2011年横浜国立大学ベンチャー・ビジネス・ラボラトリー講師、
東洋大学国際共生社会研究センター客員研究員などを経て、現在、大阪大学学際融合教育研究センター准教授。
専門は、ミクロ経済理論、産業組織論、アントレプレナーシップ。共著書＝『ソーシャルイノベーション』［丸善出版］

クレジット

–

–

[イラスト]

山中俊治―――pp.47[CVスケッチ]

鴨井猛――――pp.20-33, 74-75, 75左下

玉田誠――――表紙, p.14-19, 46-47, 59-61

真鍋友理―――pp.13, 38-41

中田雅実―――pp.20-33[イラスト原案], 42-43, 51

佐伯亮太―――pp.36-37, 68-69

田中邦明―――pp.44-45, 52-53

–

[写真]

北村光隆―――pp.54-63[模型写真], 64, 70, 71, 82, 83, 148-155

大高隆――――pp.82, 84, 126, 131

藤塚光政―――pp.39, 48-51[模型写真]

–

[翻訳]

Fred Alsdorf[大阪大学ウェブデザインユニット]、

松行輝昌[大阪大学学際融合教育研究センター]

地域社会圏主義|増補改訂版

–

–

発行日:

2023年10月31日初版発行

–

著者:

山本理顕、上野千鶴子、金子勝、平山洋介、

仲俊治+末光弘和+Y-GSA、松行輝昌

–

発行者:

住友千之

–

発行所:

株式会社トゥーヴァージンズ

〒102-0073

東京都千代田区九段北4-1-3

TEL. 03-5212-7442

FAX. 03-5212-7889

https://www.twovirgins.jp/

–

デザイン:

刈谷悠三+角田奈央/neucitora

–

プリンティング・ディレクター:

近島哲男/株式会社 加藤文明社

–

印刷・製本:

株式会社 加藤文明社

–

ISBN978-4-910352-90-9 C0052

本書は2013年LIXIL出版「地域社会圏主義 増補改訂版」の復刊となります。